내공
중학
영어
구문 1

김한나
현) ㈜이은재 어학원 강사 현) ㈜비상 교육 온라인 그래머 강사
이화여대졸, 모자이크 EBS 변형문제 출제위원

김현우
현) 껌학원 원장 현) 영어 입시교재 집필진 B2Basics
서울대졸, EBS 영어지문 3초 써머리(쏠티북스) 외 집필

송승룡
현) 실천닷컴 영어 대표강사 현) 비티타임즈 대표 논설위원
성균관대졸, 국제영어대학원대학교 석사과정 교재개발학과 전공

김형규
현) 저자집단 '지식을 꽃피우다' 대표 현) 에듀션(http://educean.com) 대표
내공 중학영단어(다락원), 시험영문법(디딤돌) 외 집필

이건희
현) 에듀션(http://educean.com) 대표 현) 모자이크 EBS 변형문제 출제위원
내공 중학영문법(다락원), 내공 중학영단어(다락원) 외 집필

내공 ^{종학} 영어구문 1

지은이 김한나, 김현우, 송승룡, 김형규, 이건희
펴낸이 정규도
펴낸곳 (주)다락원

초판 1쇄 발행 2016년 11월 21일
초판 5쇄 발행 2022년 12월 1일

책임편집 김지은, 이동호
디자인 구수정
영문 감수 Jonathan McClelland
삽화 김영진
조판 포레스트

다락원 경기도 파주시 문발로 211
내용문의 (02)736-2031 내선 504
구입문의 (02)736-2031 내선 250~252

Fax (02)732-2037
출판등록 1977년 9월 16일 제406-2008-000007호

값 13,000원

ISBN 978-89-277-0791-2 54740
       978-89-277-0790-5 54740(set)

http://www.darakwon.co.kr

다락원 홈페이지를 방문하시면 상세한 출판정보와 함께
동영상강좌, MP3 자료 등 다양한 어학 정보를 얻으실 수 있습니다.

DARAKWON

구성과 특징

시리즈 구성

내공 중학영어구문은 중학교 교과과정의 필수구문을 3레벨로 나누어 수록하고 있습니다. 각각의 레벨은 본책과 책 속의 책 형태의 워크북이 제공됩니다. 본책은 기본적으로 15개의 예문으로 구성되어 있으며 예문의 난이도는 뒷 번호로 갈수록 약간씩 높아지도록 구성하였습니다. 본책에 책 속의 책 형태로 제공되는 워크북은 본책에서 학습한 예문을 활용한, 난이도가 다른 세 가지 유형의 문제 12개로 구성되어 있습니다.

특징

1 기본 교과과정에 충실
내신 성적 향상에 토대가 되도록 중학교 교과과정에 충실한 알찬 구문으로 시험에 확실히 대비하도록 설계되었습니다.

2 한 눈에 보는 대표예문
대표예문은 각 Unit의 가장 대표성을 띄는 중간난이도로 마련하였으며, 대표예문의 통문장 암기로 해당 Unit을 완전히 내 것으로 만들 수 있습니다.

3 지루하지 않은 학습
명언, 속담, 인용구와 더불어 대화형 예문, 위트 넘치는 예문, 그리고 QR코드를 통해 노래로 익힐 수 있도록 학습을 지루하지 않게 구성했습니다.

4 고리문장을 통한 독해력 향상
각 Unit 별로 고리문장을 연결하면 하나의 독해가 완성되어, 독해로 가는 가교역할을 하는 구문학습에 최적화되어 있습니다.

5 깔끔한 테스트
본책에서 구문학습 확인을 위한 필수 3문항과, 워크북에서 재확인을 위해 12문항씩 테스트를 제공합니다.

6 유용한 교사용 자료 제공
단어목록, MP3파일, 영작 및 해석 연습을 위한 테스트지 등 다양한 부가학습자료를 다락원 홈페이지에서 무료로 다운로드 할 수 있습니다.

기본 구문 설명

각 Unit에서 학습할 구문이 어떤 문법 사항에 대한 것인지 간단하게 설명되어 있습니다.

예문

구문을 활용하여 해석 연습을 할 수 있는 예문이 수록되어 있습니다.
예문은 뒤로 갈수록 난이도가 약간씩 높아지도록 구성되어 있습니다.

번호 앞에 고리표시가 된 문장이 Unit 마다 1개씩 들어
있습니다. 이 문장을 Unit 순서대로 이으면, 하나의 독해
지문이 완성됩니다. 이 지문은 뒤의 '구문 활용 독해 –
꼬리에 꼬리를 무는 문장'에서 확인할 수 있습니다.

주의

추가로 설명이 필요한 부분에 하이라이트하고 그 아래
설명을 제공하였습니다.

구문UP

예문 해석에만 그치지 않고 해당 Unit에서 학습한 구문
내용을 적극적으로 확인해 볼 수 있는 간단한 연습 문제
형태의 예문으로 제시하였습니다.

Grammar ✓ Check

해당 Unit에서 학습한 구문의
문법 포인트를 한눈에 보기 쉽
게 표로 정리하여 제공하였습
니다.

구문 활용 독해

꼬리에 꼬리를 무는 문장

각 Unit 마다 제공한 고리문장을 이어서 완성한 스토리로, 약 3∼4개 Chapter 당 하나씩 등
장합니다. 각 문장 뒤에 표시된 번호는 해당 문장이 수록된 Unit으로, 교재에서 학습한 구문
을 이 지문에 활용하여 실제 해석을 해볼 수 있습니다. 지문 관련 독해 문제를 3개 제공하여,
실제 구문을 활용하여 독해를 하고, 독해한 내용으로 문제를 푸는 연습을 할 수 있습니다.

워크북의 구성

워크북은 네 개의 난이도가 다른 문제 유형 – Let's Walk!, Lets Run!, Let's Jump!,
Let's Fly! – 으로 구성되어 있습니다. 본책과 동일한 Unit의 예문을 100% 활용한 문제를
제공하여 학생들이 학습한 내용을 바로 확인해 볼 수 있도록 구성하였습니다.

목차

be동사 현재형

'이다', '있다'의 뜻이며, 인칭에 따라 am, are, is를 사용한다.

- **This black cat is Nero.**
  이 검은 고양이는 Nero이다.
- **Elsa and Anna are in the castle.**
  Elsa와 Anna는 성 안에 있다.

1 Andrew is a superhero.

2 You are my precious friend.

3 He is my homeroom teacher.

4 They are in the football stadium.
'있다'라는 뜻도 있어요

5 Her name is Sebin.

6 Chris is good at guessing.
Chris의 -s는 복수형이 아니에요.

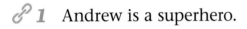

Grammar ✓ Check

인칭대명사	be동사	줄임말
I	am	I'm
we, you, they	are	we're, you're, they're
he, she, it, this, that	is	he's, she's, it's, that's

* this's(×), these're(×), those're(×) 임에 유의

7 My purse is very expensive.

주의
8 The lady and the gentleman **are** neighbors.

주어가 복수면 are를 써요.

9 You and she are unkind to me.

10 Rex and Louganis are gladiators.

11 My mom's tom yum goong is delicious.

12 A kangaroo's tail is really strong.

구문UP Fill in the blanks using the *be* verb.

13 These old coins _____ pure gold.

이 오래된 동전들은 순금이다.

14 This cute animal _____ a newborn hippo.

이 귀여운 동물은 갓 태어난 하마입니다.

15 My best friend and I _____ on the bus.

나의 가장 친한 친구와 나는 버스에 있다.

📋 **Vocabulary**

castle 성 | precious 소중한 | homeroom teacher 담임선생님 | stadium 경기장 | be good at ~을 잘하다 | guess 추측하다 |
purse 지갑 | expensive 비싼 | gentleman 신사 | neighbor 이웃 | unkind 불친절한 | gladiator 검투사 | pure 순수한 | newborn
갓 태어난 | hippo 하마

02

UNIT

be동사 과거형

am, is의 과거형은 was이고, are의 과거형은 were이다.

- **Last year, Elsa was thirteen, and now she is fourteen.**
  작년에, Elsa는 13세였고 지금은 14세이다.
- **Cindy and Paul were at the beach yesterday.**
  Cindy와 Paul은 어제 해변에 있었다.

1 Mr. Kim was once a carpenter.

2 My hobby was mixed martial arts.

3 I was tall for the age throughout my childhood.

4 The notebooks were light and small.

5 We were in the middle of the desert.
were는 '있었다'라는 뜻도 있어요.

6 The movie, *Spider-Man*, was boring.
comma(,)는 동격을 나타내므로 복수가 아니예요!

Grammar ✓ Check

인칭별 be동사 변화(과거)

주어	be동사
I, he, she, it, this, that	was
we, you, they	were

7 Last Christmas was a white Christmas.
Christmas와 같은 고유명사는 첫 글자를 대문자로 써요.

8 He was an ordinary middle school student.
모음 앞에서는 an을 써요. 모음 [a, e, i, o, u]

9 The store was famous for its pretty clerk.

10 Isabel and Isaac were at Broadway & W 42nd street.

11 The temple was right next to my church.
여기서 right은 '바로'라는 뜻이에요.

12 The spy was under the table during our meeting yesterday.

구문UP Fill in the blanks using the *be* verb.

13 The camels _____ thirsty and tired.
낙타들은 목이 마르고 피로했다.

14 Adam _____ deaf, but he _____ talkative.
Adam은 귀머거리였지만, 수다스러웠다.

15 You _____ friendly to everyone except me.
너는 나를 제외하고 모든 사람들에게 다정했다.

📑 **Vocabulary**

carpenter 목수 ㅣ **mixed martial arts(MMA)** 이종격투기 ㅣ **throughout** 내내 ㅣ **childhood** 어린 시절 ㅣ **notebook** 공책 ㅣ **desert** 사막 ㅣ **boring** 지루한 ㅣ **white Christmas** 눈이 내려 하얀 크리스마스 ㅣ **ordinary** 평범한 ㅣ **be famous for** ~로 유명하다 ㅣ **clerk** 점원 ㅣ **temple** 절 ㅣ **next to** ~옆에 ㅣ **spy** 스파이 ㅣ **during** ~하는 동안 ㅣ **camel** 낙타 ㅣ **thirsty** 목마른 ㅣ **deaf** 귀머거리의 ㅣ **talkative** 수다스러운 ㅣ **friendly** 다정한 ㅣ **except** ~를 제외하고

03

UNIT

be동사 부정문(현재/과거)

be동사 뒤에 'not'을 붙여 만들며 '〜이 아니다, 〜이 있지 않다'의 뜻이다.

- **This digital camera is not cheap.**
  이 디지털카메라는 싸지가 않네.

- **His sisters were not pretty in this photo.**
  그녀의 여동생들은 이 사진에서는 예쁘지 않았다.

1 Bats are not birds.

2 I'm not an idiot.
   am not은 줄여 쓰지 않아요.

3 Ben isn't here now.
   isn't는 '없다'라는 뜻도 있어요.

4 Tatyana wasn't in the room then.

5 We weren't friends five years ago.

6 The Spanish teacher is not Spanish.

Grammar ✔ Check

	현재				과거			
	단수		복수		단수		복수	
	부정문	축약형	부정문	축약형	부정문	축약형	부정문	축약형
1인칭	I am not	I'm not	We are not	We're not We aren't	I was not	I wasn't	We were not	We weren't
2인칭	You are not	You're not You aren't	You are not	You're not You aren't	You were not	You weren't	You were not	You weren't
3인칭	He/She/It is not	He/She/It isn't He's/She's/It's not	They are not	They're not They aren't	He/She/It was not	He/She/It wasn't	They were not	They weren't

7 He wasn't special in **any way.**

any는 '어떠한 ~라도'라는 의미가 있어요.

8 Actually Joanne was not a human being.

9 Tim, Tom and Tony are not triplets.

10 My dad isn't a superman, but he is best for me.

11 The grapefruits in the refrigerator **aren't** fresh.

주어는 grapefruits이므로 aren't를 써야 해요.

12 **The Smiths** aren't rich, but they are happy.

「The 이름s」는 가족을 나타내서 복수취급해요.

구문UP Fill in the blanks using the *be* verb.

13 We _____ angry with you last night.

어젯밤에 우리는 너에게 화나지 않았었어.

14 Admiral Yi Sun-shin _____ scared of death.

이순신 장군은 죽음을 두려워하지 않았다.

15 I'm sorry, but those **books** on the top shelf _____ for sale.

those 다음에는 복수가 와야 해요.

죄송합니다만, 선반 맨 위에 있는 저 책들은 판매하지 않습니다.

📧 **Vocabulary**

bird 조류 | idiot 바보 | then 그때 | ago 전에 | special 특별한 | actually 사실 | human being 사람 | triplets 세 쌍둥이 |
grapefruit 자몽 | refrigerator 냉장고 | be scared of ~을 두려워하다 | shelf 선반 | for sale 판매중인

04

UNIT

be동사 의문문(현재/과거)

be동사 의문문은 「be동사 + 주어」의 어순이 된다.

A **Is she a student at this school?**
B **Yes, she is.**
  A: 그녀는 이 학교 학생이니?   B: 예, 맞아요.

A **Were your classmates kind to you?**
B **No, they weren't.**
  A: 너희 반 친구들은 너에게 친절했니?   B: 아니요, 그러지 않았어요.

---

1 Are you sure?

2 Hello, is Ms. Brown there?
hello는 전화에서 '여보세요'를 뜻해요.

3 A Am I in the right classroom?
  B Yes, you are.
    긍정의 대답일 때 인칭대명사와 be동사는 줄여 쓰지 않아요.

4 A Are you the Lord of the Rings?   B No, I'm not.

5 Was Shawn your prince charming?

Grammar ✓ Check

be동사의 의문문

be동사의 의문문	대답	
주어 + be동사 ~. ➪ be동사 + 주어 ~?	긍정	Yes, 주어 + be동사
	부정	No, 주어 + be동사 + not

🔗 6 Was it an accident or his destiny?

7 Were you the seven princesses of this school?

8 Was Mustafa your yoga teacher?

9 Is your hobby sepaktakraw? Interesting!

참고 **sepaktakraw**
말레이시아어인 "세팍"(발로 차다)과 태국어인 "타크로"(볼)가 합쳐진 합성어로, 발로만 공을 차 네트 너머로 공을 넘기며 점수를 얻는 경기입니다.

10 Are you perhaps one of Logan's ex-girlfriends?

11 Was your uncle a sushi chef in Dubai?

12 Are geckos in Southern Vietnam?

구문UP Fill in the blanks with the *be* verb.

13 A _____ I gorgeous? B Are you crazy?
A: 내가 매력적이지? B: 너 미쳤니?

14 _____ Sadie and Hannah on your yacht, too?
Sadie와 Hannah도 네 요트에 있었니?

15 A _____ the smartphone important for our lives?
B You bet!
A: 우리의 삶에서 스마트폰이 중요하니? B: 물론이지!

💬 **Vocabulary**

lord 주인, 군주, 국왕 | **prince charming** 꿈속의 왕자님 | **accident** 사고 | **destiny** 운명 | **ex-girlfriend** 전 여자 친구 | **chef** 요리사 | **gecko** 도마뱀붙이 | **gorgeous** 매력적인 | **yacht** 요트 | **you bet** 물론이다

15

05

UNIT

일반동사 현재형

주어가 3인칭 단수일 때는 동사원형에 '-s' 또는 '-es'가 붙는다.

- **I get up at seven every morning.**
  난 매일 아침 7시에 일어난다.

- **Anna lives with her parents and her sister.**
  Anna는 그녀의 부모님과 여동생과 함께 산다.

1 Hyunwoo likes mac and cheese, too.

2 After night, dawn comes.

3 My math teacher studies tarot.

4 Batman washes his cape every night.

5 Andrew likes science very much.

6 My grandfather plays the saxophone.

Grammar ✓ Check

일반동사의 3인칭 단수 변화

대부분의 동사	+ -s	comes(오다), plays(놀다), walks(걷다), eats(먹다)
-s, -x, -sh, -ch, -o로 끝나는 동사	+ -es	passes(통과하다), washes(씻다), mixes(섞다), teaches(가르치다), does(하다)
'자음 + y'로 끝나는 동사	-y ⇨ -ies	study ⇨ studies(공부하다), fly ⇨ flies(날다), cry ⇨ cries(울다), try ⇨ tries(노력하다)
have		has(가지고 있다)

7 Ann has blue eyes and red hair.

주의
8 The pastor practices kung fu **on Fridays**.
'on 요일s'은 'every 요일'과 같은 뜻으로 '~마다'로 쓰여요.

9 The heroine dies at the end of the film.

주의
10 My neighbor's dog and his master bark at **each other**.
each other는 대명사로 쓰여 필요한 경우 전치사를 써야 해요.

11 Shopping malls set their air conditioners to high.

12 The Mississippi River divides the United States into East and West.

구문**UP** **Fill in the blanks using the given words.**

13 Jim the janitor always _____ at us. (smile)
경비원인 Jim은 항상 우릴 보며 미소 짓는다.

14 The limousine bus _____ people to the airport. (carry)
그 리무진 버스는 사람들을 공항으로 나른다.

15 The boy _____ _____ here every Monday morning. (pass by)
그 소년은 월요일 아침마다 여기를 지나간다.

💬 **Vocabulary**

mac and cheese 마카로니(macaroni) 치즈 | **dawn** 새벽 | **tarot** 타로카드 | **cape** 망토 | **science** 과학 | **pastor** 목사님 | **practice** 연습하다 | **heroine** 여자 주인공, 여자영웅 | **neighbor** 이웃 | **bark** 짖다 | **each other** 서로 | **divide A into B** A를 B로 나누다 | **janitor** 경비원, 수위 | **pass by** 지나가다

06

일반동사 과거형

주어에 관계없이 동사원형에 '-d' 또는 '-ed'를 붙이는 규칙동사와 그렇지 않은 불규칙동사가 있다.

- **Minho made a birthday cake.**
  민호는 생일 케이크를 만들었다.
- **Minji helped me with my homework yesterday.**
  민지는 어제 내가 숙제하는 것을 도와주었다.

1 Frank denied all responsibility.

2 My pet snake, Dronkey, bit me.

3 I skipped breakfast this morning.

4 Nine ninjas found the enemy base.

5 Emma bought a smartwatch as a birthday gift.

Grammar ✅ Check

일반동사의 과거형(규칙동사)

대부분의 동사	+ -ed	called, worked, passed
-e로 끝나는 동사	+ -d	danced, moved, saved
'자음 + y'로 끝나는 동사	-y ⇨ -ied	studied, worried, cried
'단모음 + 단자음'으로 끝나는 동사	자음 + 자음 + -ed	shopped, stopped, planned, occurred

불규칙동사(시험에 자주 나오는 동사)

go – went	sell – sold	throw – threw	buy – bought	think – thought
bite – bit	fly – flew	read – read	do – did	sit – sat
find – found	eat – ate	see – saw	take – took	bring – brought
meet – met	hit – hit	run – ran	teach – taught	set – set

6 She sold the bag online last night.

7 My miserable report card blew away in the wind.

8 Snow White ate a red apple and seven pieces of pizza.

9 A heavy storm hit the town in 1999.

10 Lucy threw an egg from the rooftop.

주의
11 The secretary read the important document secretly.
read에 -s가 없는 것으로 보아 과거시제임을 알아야 해요.

🔗 **12** One day, he went into the science lab with his friend, Jake.

구문**UP** **Fill in the blanks using the given words.**

13 Gilbert _____ six numbers in his dream. (see)
Gilbert는 꿈속에서 여섯 개의 숫자를 보았다.

14 Ann _____ flying yoga with her grandmother. (do)
Ann은 그녀의 할머니와 플라잉 요가를 했다.

15 On a log bridge, the tiger _____ ten *Sapsali* dogs and _____
_____. (meet, run away)
외나무다리에서 그 호랑이는 10마리의 삽살개들을 만나 도망쳤다.

💬 **Vocabulary** ⫶⫶⫶

help A with B A가 B하는 것을 돕다 | **deny** 부인하다 | **responsibility** 책임 | **bite** 물다(-bit-bitten) | **skip** 건너뛰다, 거르다 | **enemy** 적 |
base 기지 | **miserable** 형편없는, 비참한 | **report card** 성적표 | **storm** 폭풍 | **hit** 강타하다 | **throw** 던지다 | **rooftop** 옥상 | **secretary**
비서 | **document** 서류 | **secretly** 몰래 | **lab(laboratory)** 실험실 | **flying yoga** 플라잉요가 | **log** 통나무 | **run away** 도망치다

07

UNIT

일반동사의 부정문(현재 / 과거)

주어가 3인칭 단수이고 현재형이면 「does not[doesn't] + 동사원형」을, 그 외는 「do not[don't] + 동사원형」을 사용한다. 과거형은 「did not[didn't] + 동사원형」을 사용한다.

- **Kate doesn't like horror movies.**
  Kate는 공포영화를 좋아하지 않는다.
- **Jimmy didn't come to the theater yesterday.**
  Jimmy는 어제 극장에 오지 않았다.

1 I don't care.

2 He doesn't like espresso.

3 Olga didn't want the part-time job.

주의
4 Jake's coach didn't give up on him.

주의
5 We didn't visit Lucy's yesterday.
「사람이름's」는 그 사람의 집을 의미할 수 있어요.

주의
6 They don't do homework from time to time.
do가 일반동사이므로 do의 부정은 don't do예요!

Grammar ⊘ Check

일반동사의 부정문

수	인칭	예	현재시제	과거시제
단수	1, 2	I, You	do not [don't] + 동사원형	did not [didn't] + 동사원형
	3	He, She, It, Tom, My sister	does not [doesn't] + 동사원형	
복수	1, 2, 3	We, They, You and I, Students	do not [don't] + 동사원형	

7 You didn't write the correct word on the test.

8 The police didn't release the prime suspect.

9 My smart son doesn't answer easy questions.

주의
10 Ethan **never goes** shopping with his girlfriend.
never는 일반 동사 앞에서 강한 부정을 나타내요.

Q. 다음을 부정문으로 고치시오.

① Tim has a car.
▸ Tim doesn't <u>has</u> a car. ×
has ⇨ have

② They bought their toys.
▸ They didn't <u>bought</u> their toys. ×
bought ⇨ buy

③ She does the dishes at home.
▸ She <u>doesn't</u> the dishes at home. ×
doesn't ⇨ doesn't do

11 Peggy didn't attend her graduation ceremony.

12 At first, Andrew doesn't feel the strong electromagnetic field around the lab.

구문UP Fill in the blanks using the given words.

13 The twins _____ _____ their teeth after lunch. (brush)
그 쌍둥이들은 점심식사 후에 그들의 이를 닦지 않는다.

14 He _____ _____ lies to his friends. (tell)
그는 친구들에게 거짓말을 하지 않는다.

15 Sophia _____ _____ an invitation card to her best friend. (send)
Sophia는 그녀의 가장 친한 친구에게 초대장을 보내지 않았다.

📑 **Vocabulary**

horror movie 공포영화 | theater 극장 | care 신경 쓰다 | part-time 시간제의 | give up 포기하다 | visit 방문하다 | from time to time 때때로 | release 석방하다 | prime 주요한 | suspect 용의자 | attend 참석하다 | graduation ceremony 졸업식 | electromagnetic 전자기의 | field (전기나 자기의) 장 | twin 쌍둥이 | tell a lie 거짓말하다 | invitation card 초대장

일반동사의 의문문(현재/과거)

현재형은 「Do[Does] + 주어 + 동사원형 ～?」을, 과거형은 「Did + 주어 + 동사원형 ～?」을 사용한다.

- ### Does your mother teach history?
  너희 어머니가 역사를 가르치시니?

- ### Did you and Cindy play badminton yesterday?
  너와 Cindy는 어제 배드민턴을 쳤니?

1 Do you love me at all?

2 Does Luke do the laundry every day?
do는 '하다'라는 뜻의 본동사로, 빼면 절대 안돼요.

3 Did you get my text last night?

4 Did Plato suggest this boring theory?

5 Do I know you? I don't think you do.
'저 아세요?'를 영어에서는 'DO I know you?'라고 표현해요.

6 A Does Dean look like Yoda?
    B Yes, indeed.

Grammar ✔ Check

일반동사의 의문문

수	인칭	예	현재시제	과거시제
단수	1, 2	I, You	Do + 주어 + 동사원형 ～?	Did + 주어 + 동사원형 ～?
	3	He, She, It, Tom, My sister	Does + 주어 + 동사원형 ～?	
복수	1, 2, 3	We, They, You and I, Students	Do + 주어 + 동사원형 ～?	

7 Does Grouchy Smurf complain all the time?

주의
8 Did you wear a uniform in middle school?

uniform[júːnəfɔ̀ːrm]의 u-는 모음이 아니라 ə를 써요.

🔗 **9** Jake asks Andrew, "Do you feel something here, too?"

10 A Does he like baseball cheerleaders?
B I think so.

11 Do you use door-to-door delivery service?

12 Did Marwan hand in the report about dinosaurs?

구문 *UP* **Fill in the blanks using the given words.**

13 A _____ you really _____ every night? (dream)
B Yes, about you.

A: 너는 정말로 매일 밤 꿈을 꾸니?   B: 어, 네 꿈꿔.

14 _____ your mom also _____ dreadlocks in her hair? (have)

너의 엄마도 레게머리를 하고 계시니?

15 _____ Isinbayeva _____ a record in the pole jump again? (set)

Isinbayeva가 장대높이뛰기에서 또 기록을 세웠니?

💬 **Vocabulary**

history 역사 | **at all** 조금이라도, 전혀 | **laundry** 빨래 | **boring** 지루한 | **look like** ~처럼 보이다 | **indeed** 정말로 | **grouchy** 투덜대는 | **complain** 불평하다 | **all the time** 항상 | **door-to-door delivery service** 택배 서비스 | **hand in** 제출하다 | **dinosaur** 공룡 | **dreadlocks** 레게머리(자메이카인들이 하는 여러 가닥으로 꼰 머리) | **pole jump** 장대높이뛰기

23

UNIT 09

현재진행형

진행 중인 동작을 나타내어 '∼하는 중이다'의 의미이며, 「be동사의 현재형(am/are/is) + -ing」의 형태로 나타낸다.

- **Sue is reading comic books in the living room.**
  Sue는 거실에서 만화책을 읽고 있는 중이다.
- **Her friends are packing their swimsuits and sunblock.**
  그녀의 친구들은 그들의 수영복과 선탠로션을 싸고 있다.

1 Shh, the baby is sleeping now.

2 We are living in the 21st century.

3 Norman is drinking herb tea.

4 Everybody is finding Wally now.

5 Scarlet is screaming at her parents.

6 The charity is helping people in need.

Grammar ✔ Check

-ing 만드는 법

대부분의 동사	+ -ing	reading, jumping, eating
'자음 + -e'로 끝나는 동사	-e를 빼고 + -ing	coming, closing, moving
'-ie'로 끝나는 동사	-ie ⇨ y + -ing	dying, lying, tying
'단모음 + 단자음'으로 끝나는 동사	자음 + 자음 + -ing	running, putting, swimming, beginning

주어	현재진행형
I	am + -ing
we, you, they	are + -ing
he, she, it, this, that	is + -ing

7 Rasool is arm wrestling with Danny.

8 The dragon is burning the whole town.

주의
9 Shasha is going to Egypt tomorrow.
현재진행이 가까운 미래를 나타낼 수도 있어요.

주의
10 That sloth is crawling along at 2m/min.
two meters per minute으로 읽어요.

11 The baby panda is lying on her side on the floor.

𝒫 **12** Suddenly, Andrew is floating in the air by a strange power!

구문UP Fill in the blanks with **"be going to"** using the given words.

13 A puppy _____ _____ _____ me. (run after)
강아지 한 마리가 나를 따라오고 있다.

14 The fat lady _____ _____ Tango gracefully. (dance)
그 뚱뚱한 숙녀는 탱고를 우아하게 추고 있다.

15 The kids _____ _____ snowballs at each other. (throw)
아이들은 서로에게 눈 뭉치를 던지고 있다.

📑 **Vocabulary**

swimsuit 수영복 | sunblock 자외선 차단제 | shh 쉿 | scream 소리 지르다 | charity 자선단체 | in need 어려움에 처한 | arm wrestle
팔씨름하다 | burn 태우다 | whole 전체의 | town 마을 | sloth 나무늘보 | crawl 기다 | lie on one's side 옆으로 눕다 | float 뜨다 |
gracefully 우아하게 | snowball 눈 뭉치

10

UNIT

현재진행형의 부정문
「be동사(am/are/is)＋not＋-ing」의 형태이다.

- **Peter is not doing his homework now.**
  Peter는 지금 숙제를 하고 있지 않다.
- **Jessica and her friends are not eating lunch now.**
  Jessica와 그녀의 친구들은 지금 점심을 먹고 있지 않다.

1 Oh my! Pooh is not wearing pants.

2 You, you, and you are not listening to me.

3 These days I'm not doing any exercise.

4 The men aren't sitting on a bench right now.
주어가 복수이므로 aren't를 써야 해요.

5 She isn't paying attention to the lecture.

6 But the strange power is not affecting Jake.

Grammar ✔ Check

주어	부정형
I	am not＋-ing
we, you, they	are not [aren't]＋-ing
he, she, it, this, that	is not [isn't]＋-ing

7 Dad! My cat, Mickey, is not moving now!

(주의) **8** The angry couple **isn't** talking.

couple은 단수취급해서 isn't으로 써야 해요.

9 I am not telling the truth for my country.

10 Usain Nut is not running the track. He is walking.

(주의) **11** They're not **having** meals at the same table.

have가 '갖다'의 의미일 때는 진행형을 쓸 수 없지만 '먹다'일 때는 진행형을 쓸 수 있어요.

12 The trumpeter isn't playing his instrument properly.

구문 **UP** **Fill in the blanks with *-ing* forms using the given words.**

13 Strangely the birds _____ _____ today. (sing)
이상하게도 새들이 오늘은 울고 있지 않네요.

14 We are late! But my mom _____ _____ _____. (hurry)
우리는 늦었다! 그러나 엄마는 서두르지 않고 있다.

15 The last scene of the movie _____ _____ _____
in my head. (fade away)
그 영화의 마지막 장면이 내 머릿속에서 사라지지 않고 있다.

📝 **Vocabulary** |||||||||||||||||||||||||||||||||||||||||||||||||||||||||||||||||||||||||||||

exercise 운동 | **pay attention to** ~에 집중하다 | **lecture** 강의 | **affect** 영향을 미치다 | **meal** 식사 | **instrument** 악기, 도구 |
properly 적절히 | **strangely** 이상하게도 | **scene** 장면 | **fade away** 사라지다, 희미해지다

27

UNIT

11 현재진행형의 의문문

「be동사 + 주어 + -ing ~?」의 형태이다.

- **Is she swimming in the pool?**
  그녀는 수영장에서 수영을 하고 있니?
- **Are Fred and his brother waiting for their mother?**
  Fred와 그의 남동생은 그들의 어머니를 기다리는 중이니?

1 Are you also watching the star now?

2 Is the store selling drones?

3 "Are you flying?" shouted Jake.

4 Is Jackie standing in front?

5 A Is Lily working in a flower shop?
   B Yes, she is.

6 A Are you guys having fun?
   B Yeah, we're having so much fun!

Grammar ✔ Check

현재진행형의 의문문		대답
Am/Is/Are + 주어 + -ing ~?	긍정	Yes, 주어 + am/is/are.
	부정	No, 주어 + am not/is not [isn't]/are not [aren't].

7 Is Zuzana laughing at my cute baseball cap?

8 Is Catherine's dog chewing her shoe?

9 Is she writing a novel for the contest?

10 Am I going the right way or am I lost?

11 Are we doing anything for the world?

12 Are Jimmy and Luke still riding bikes in the rain?

구문**UP**   **Fill in the blanks with -ing forms using the given words.**

13 _____ your father _____ for mayor? (run)
네 아버지께서 시장으로 출마하시니?

14 _____ you _____ anything for your dreams? (sacrifice)
당신은 당신의 꿈을 위해 뭐라도 희생하고 있나요?

15 _____ the Buddhist monk _____ to hip hop music? (listen)
그 스님이 힙합 음악을 듣고 계시니?

💬 **Vocabulary**

drone 드론 (무인비행기) | **have fun** 재미있게 놀다 | **laugh at** ~을 비웃다 | **lost** 길을 잃은 | **still** 여전히 | **run** 달리다, 운영하다, 입후보하다 |
mayor 시장 | **sacrifice** 희생하다 | **Buddhist monk** 스님

12

be going to

「be going to + 동사원형」의 형태로 '～할 것이다, ～할 예정이다'라는 의미이다. 단, 주어에 따라서 be 동사는 바뀐다.

- **She is going to wash the dishes.**
  그녀는 설거지를 할 것이다.

- **Many people are going to see the new movie.**
  많은 사람들이 그 신작 영화를 볼 것이다.

1 He is going to arrive here soon.

2 My father is going to see my teacher tomorrow.

3 Sarah Chang is going to play her Stradivarius.

4 Julianne is going to marry her best friend.

5 We are going to throw a surprise party for her.

참고 Stradivarius
17~18세기에 이탈리아의 바이올린 제작
자 스트라디바리(Stradivari) 일가가 만든
바이올린과 현악기입니다.

주의
6 I am going to go on a diet from tomorrow. I am serious.
going은 예정을 나타내는 be going to 표현이고, go는 본동사임에 유의해야 해요.

7 Our meeting is going to be a symbol of peace.

Grammar ✓ Check

형태	be going to + 동사원형
의미	～할 것이다, ～할 예정이다

8 The island country is going to sink under the ocean.

9 Those two orangutans are going to fight each other.

10 I am going to write a thank you letter to my personal trainer.

주의
11 David and Ken are going to quit their jobs as soon as possible.
주어가 복수이므로 are going to를 써야 해요.

𝒫 **12** A mysterious voice suddenly said, "Andrew, you are going to be a new superhero!"

구문*UP* Fill in the blanks with *"be going to"* using the given words.

13 Angela _____ _____ _____ _____ three weeks in Poland.
(spend)

Angela는 폴란드에서 3주를 보낼 것이다.

14 They _____ _____ _____ a late-night movie tonight.
(watch)

그들은 오늘 밤 심야 영화를 볼 것이다.

15 The Beast _____ _____ _____ _____ the Beauty tomorrow. (propose to)

야수는 내일 미녀에게 청혼을 할 것이다.

💬 **Vocabulary**

throw a party 파티를 열다 | **go on a diet** 다이어트하다 | **serious** 진지한 | **symbol** 상징 | **island** 섬 | **sink** 가라앉다 | **ocean** 대양, 큰 바다 | **as soon as possible** 가능한 빨리 | **mysterious** 신비로운 | **voice** 목소리 | **suddenly** 갑자기 | **late-night movie** 심야 영화 | **propose to** ~에게 청혼하다

13

be going to 부정문/의문문

부정문은 「주어 + be동사 + not going to + 동사원형」,
의문문은 「be동사 + 주어 + going to + 동사원형 ~?」의 형태이다.

- **Eric isn't going to call her back.**
Eric은 그녀에게 다시 전화하지 않을 거야.

A **Are you going to go to the shopping mall today?**
B **No, I'm not.**
A: 너는 오늘 그 쇼핑몰에 갈 거니?   B: 아니.

1 I am not going to take a nap.

2 The ferry isn't going to arrive on time.

3 Is Josh going to keep tarantulas?

4 A Are you really going to challenge our team?
   B Bring it on, man!

5 We are not going to attack any country first.

6 The girl isn't going to wear a dress at the prom.

7 The patient is not going to make it until tomorrow.

Grammar ✓ Check

	부정문	의문문
형태	be동사 + not going to + 동사원형	be동사 + 주어 + going to + 동사원형 ~?
의미	~하지 않을 것이다	대답 [긍정] Yes, 주어 ~ be동사. [부정] No, 주어 ~ be동사 ~ not.

32

8 Is Mr. Ma going to give the money back to me?

주의
9 The smile on her face is **never** going to disappear.
부정을 강조하기 위해 not 대신에 never를 쓰기도 해요.

10 They are not going to take a swimming class next semester.

주의
11 "But, I'm not going to decide if you will be a good hero or a bad one," the voice continued.
앞에 나온 사람을 나타내는 명사는 부정대명사 one으로 대신 나타낼 수 있어요.

12 Are the boys going to dance the hula on the rooftop tonight?

구문**UP** **Fill in the blanks with "be going to" using the given words.**

13 _____ the engine of this old car _____ _____ _____ okay?
(be)
이 낡은 차의 엔진이 괜찮을까요?

14 I _____ _____ _____ _____ _____ soft drinks anymore.
(not, drink)
나는 더 이상 청량음료를 마시지 않을 거야.

15 Your younger brothers _____ _____ _____ _____ _____
this fact. (not, believe)
네 남동생들은 이 사실을 믿지 않을 것이다.

📑 **Vocabulary** ||||||||||||||||||||||||||||||||||||||||||||||||||||||||||||||||||||||||||||||

call back 다시 전화하다 | **take a nap** 낮잠을 자다 | **ferry** 유람선 | **tarantula** 타란툴라(거미의 일종) | **challenge** 도전하다 | **bring it on** 덤비다 | **attack** 공격하다 | **prom** 졸업 무도회 | **patient** 환자 | **make it** 살아남다 | **disappear** 사라지다 | **semester** 학기 | **decide** 결정하다, 결심하다 | **rooftop** 옥상 | **soft drink** 청량음료 | **fact** 사실

꼬리에 꼬리를 무는 문장 ❶

앞서 학습한 유닛에서 표시된 🔗 문장을 이으면
멋진 슈퍼 히어로 Andrew의 이야기가 펼쳐집니다!

안녕! 난 Andrew야. 앞서 공부한 문장 중에서 고리 표시가 된 문장을 모으면 아주 흥미로운 이야기가 완성되지! 이 이야기만 외워도 이 책에서 배운 모든 문법을 알게 될 거야! 그럼 함께 읽어볼까?

Read the following and answer the questions.

Andrew is a superhero.[1] He was an ordinary middle school student.[2] He wasn't special in any way.[3] Was it an accident or his destiny?[4]

Andrew likes science very much.[5] One day, he went into the science lab with his friend, Jake.[6] At first, Andrew doesn't feel the strong electromagnetic field around the lab.[7] Jake asks Andrew, "Do you feel something here, too?"[8] Suddenly, Andrew is floating in the air by a strange power![9] But the strange power is not affecting Jake.[10] "Are you flying?" shouted Jake.[11] A mysterious voice suddenly said, "Andrew, [are, be, to, new, you, superhero, going, a]!"[12] But, I'm not going to decide if you will be a good hero or a bad one," the voice continued.[13]

* 구문 활용 독해문장 뒤의 번호는 해당 문장이 삽입되어 있는 유닛입니다.

1 Choose the most appropriate word for the blank.

A Where are you going?

B I'm going to the _____ to do scientific research.

① river ② rooftop ③ field ④ refrigerator ⑤ laboratory

2 Which is not true about Andrew?

① 평범한 중학생이었다.
② 과학실에 친구와 함께 들어갔다.
③ 공중에서 둥둥 떠 있다.
④ 자기장에 접근하자 통증을 느낀다.
⑤ 신비한 목소리를 들었다.

3 Rearrange the given words in correct order.

너는 새로운 슈퍼히어로가 될 것이다!

[are, be, to, new, you, superhero, going, a]!

Vocabulary

ordinary 평범한 | special 특별한 | accident 사고 | destiny 운명 | science 과학 | lab(laboratory) 실험실 | electro magnetic 전자기의 | suddenly 갑자기 | float 뜨다 | field (전기나 자기의) 장, 들판, 분야 | affect 영향을 미치다 | shout 소리치다 | mysterious 신비한 | decide 결정하다, 결심하다 | continue 계속하다

14

UNIT

의문대명사 who, whom

사람의 이름이나 관계를 물어보며, 「Who + be동사 + 주어 ~?」와 「Who(m) + do[does/did] + 주어 + 동사원형 ~?」으로 사용한다. 단, 의문사가 주어일 경우: 「의문사 + 동사(＋목적어) ~?」를 쓴다.

A **Who are they?**
B **They are musicians.**

A: 그들은 누구니?   B: 음악가들이야.

• **Who(m) did you meet at the department store?**

너 백화점에서 누구를 만났니?

1 Who knows?

2 Who did this?

🔗 *3* Andrew asked, "Who are you?"

 4 Who let the dogs out?

let에 -s가 없는 것으로 보아 과거형임에 유의해야 해요.

 5 Whom do you cheer for?

전치사의 목적어로 whom을 쓰는게 옳으나 who를 쓰기도 해요.

6 Q. Who stepped on the moon first?
a) Christopher Columbus   b) rabbits
c) Louis Armstrong   d) Neil Armstrong

참고 바하마 출신의 7인조 그룹인 Baha Men의 유일한 히트곡입니다.

Grammar ✓ Check

의문대명사	문장에서의 위치	뜻	묻는 것
who	주어, 보어	누가, 누구	사람의 이름, 신분, 가족 관계
who(m)	목적어	누구를	

7 Who is your favorite actor in Bollywood?

8 Who moved my cheese?

9 Who is responsible for global warming?

10 A Who really discovered America?
B In my opinion, it's Amerigo Vespucci.

참고 **Bolllywood**
Bombay와 Hollywood를 합친 말로, 현재 Mumbai라고 불리는 Bombay를 거점으로 한 인도 영화 및 영화 산업을 일컫는 말입니다.

11 Who(m) are you going to vote for class president tomorrow?

12 Who built this huge sandcastle over night?

구문UP Fill in the blanks using the given words.

13 _____ _____ you _____ with? (live)
넌 누구랑 사니?

14 A _____ _____ the cookie from the cookie jar? (take)
B Panda did.
A: 누가 쿠키 단지에서 쿠키를 가져갔니?   B: 판다가 그랬어요.

15 _____ _____ _____ _____ _____ the next winner
of this quiz show? (be going to, be)
누가 이 퀴즈쇼의 다음 번 우승자가 될까요?

📑 Vocabulary

musician 음악가 | department store 백화점 | let ~ out ~을 풀어주다 | cheer for 응원하다 | step 밟다 | global warming 지구 온난화 | discover 발견하다 | in one's opinion ~의 의견으로는 | vote 투표하다 | class president 학급 회장 | huge 거대한 | jar 항아리 단지

의문대명사 what

사람의 신분이나 직업을 묻는 경우에, 「What + be동사 + 주어 ~?」 또는 「What + do[does/did] + 주어 + 동사원형 ~?」으로 표현한다. 단, 의문사가 주어일 경우 「의문사 + 동사(+ 목적어) ~?」를 쓴다.

- **What is your favorite subject?**
  네가 가장 좋아하는 과목은 무엇이니?

- **What did you and Tom do last night?**
  너와 Tom은 어제 밤에 무엇을 했니?

1 Mom, what's for dinner?

2 A What's the matter?　B I lost my dog.
　　what's the problem? what's wrong?등으로 바꿔 쓸 수 있어요.

3 A What do you do?　B I work as an app developer.
　　what are you doing?(너 지금 뭐하니?)과 헷갈리지 않도록 해야 해요.

4 What did you say? Say that again.

주의
5 What does a phoenix look like?
　　　　　　　　look like 다음에는 명사를 쓰고 look 다음에는 형용사를 써요.

6 "What do you want from me?"

7 A What is your favorite Korean dish?　B It is *yukhoe*.

Grammar ✓ Check

의문대명사	뜻	묻는 것
what	무엇이, 무엇을, 무엇	사물, 사람의 직업

38

8 A <u>What</u> is he?   B What do you mean?   A I mean, what is his job?

what은 사람의 직업을 묻기도 해요.

9 What happened to her? She isn't saying anything.

10 What destroyed the ozone layer?

11 What do you like most about me? My pretty face?

12 A What is the purpose of your visit to Nicaragua?
  B I'm here on vacation.

구문UP **Fill in the blanks using the given words.**

13 _____ _____ friends for? (be)

친구는 무엇을 위한 것이니?(친구가 좋다는 게 뭐겠니?)

14 _____ _____ you _____ for Christmas? (want)

크리스마스에 네가 원하는 게 뭐니?

15 _____ _____ he _____ _____ _____ this evening? (be going to, wear)

그는 오늘 저녁에 무슨 옷을 입을까?

💬 **Vocabulary**

subject 과목 | **matter** 문제 | **lose** 잃다 | **as** ~로서 | **app** 응용프로그램(application) | **developer** 개발자 | **phoenix** 봉황 | **dish** 요리 접시 | **happen** (어떤 일이) 일어나다, 발생하다 | **destroy** 파괴하다 | **ozone layer** 오존층 | **purpose** 목적

16

UNIT

의문대명사 which

정해진 범위에서 어느 것인지 물을 때 사용한다. 「Which + be동사 + 주어... A or B ~?」 또는 「Which + do[does/did] + 주어 + 동사원형... A or B ~?」의 형태이다.

- **Which is yours, this one or that one?**
  이것과 저것 중에 어느 것이 네 것이니?
- **Which do you like better, cake or ice cream?**
  케이크와 아이스크림 중에서 어느 것을 더 좋아하니?

1 Which is your longboard?

2 Which do you dislike more, cockroaches or rats?

3 Which is better, *Gungseo* font or Gothic font? 궁서체 고딕체

4 Which can you play, ping-pong or badminton?

5 A Which is easier for you, math or science?
   B Math. It isn't for you?

6 Which was the old name for Iran, Hittite or Persia?

7 Which are you going to eat, fish and chips
   or sushi?

Grammar ✓ Check

의문대명사	뜻	묻는 것
which	어느 것이, 어느 것을, 어느 것	선택사항

8 A Which is her doll?

B That plastic dinosaur.

9 Which do you prefer, hot chocolate or mango juice?

10 Which are we going to buy, peaches or watermelons?

🔗 **11** "Which do you want me to be, a good hero or an evil one?"

12 Which does she like, camping in the jungle or camping on the beach?

구문**UP** **Fill in the blanks using the given words.**

13 _____ _____ June _____ , Portuguese or Spanish?

(be learning)

June은 포르투갈어와 스페인어 중 무엇을 배우고 있는 중이니?

14 _____ _____ Tina's favorite clothes, jeans or dresses? (be)

Tina가 좋아하는 옷은 청바지와 드레스 중에 어느 것이니?

15 _____ _____ the teacher _____ more, lateness or chewing gum? (hate)

그 선생님은 지각과 껌 씹는 것 중 어떤 것을 더 싫어하실까?

📄 **Vocabulary** ⫶⫶

longboard 스케이트보드의 일종 | **dislike** 싫어하다 | **cockroach** 바퀴벌레 | **rat** 쥐 | **easier** 더 쉬운 | **dinosaur** 공룡 | **prefer** 선호하다 | **peach** 복숭아 | **watermelon** 수박 | **good** 좋은, 선한 | **evil** 악한, 악의 | **Portuguese** 포르투갈어 | **lateness** 지각 | **chew** 씹다

의문형용사 whose, which, what

명사 앞에 쓰여 형용사의 역할을 하는 경우 사람은 whose, 사물은 which를 사용한다. 「Whose + 명사 + be동사 + 주어 ~?」 또는 「Which + 명사 + do[does/did] + 주어 + 동사원형... A or B ~?」의 형태이다. 의문형용사 which는 정해진 대상에, what은 정해지지 않은 대상에 사용한다.

- **Whose umbrella is this?**
  이거 누구의 우산이니?
- **Which fruit do you like, apples or grapes?**
  넌 사과와 포도 중에 어떤 과일을 좋아하니?

---

1 Whose side are you on?

2 Which girl is Russian, Yuryevich or Larionov?

3 A What kind of music do you like?
   B I like K-pop.

4 Whose parents are those?
   those가 사람들을 나타낼 수도 있어요.

5 A What size do you wear?
   B I'm a size 55.

6 A Whose fault is it?
   B It's mine. I'm sorry.

Grammar ✔ Check

의문형용사	뜻	사용
whose	누구의	소유를 물을 때
which	어느, 어떤	선택을 물을 때 (정해진 대상 중)
what	무엇의, 무슨	선택을 물을 때 (정해지지 않은 대상 중)

7 Which color do they want, green, white, or red?

8 Whose face does mine look like, Mom's or Dad's?

🔗 9 "Whose voice is this? Where are you?" Jake asked.

10 What game is going to win game of the year?

11 A Which cat belongs to the witch?
   B Puss in Boots.

12 Whose cheesecake was that? The taste was out of this world!

구문**UP** Fill in the blanks using the given words.

13 _____ elephant _____ Dumbo? (be)
어떤 코끼리가 Dumbo입니까?

14 Ahh... _____ alarm clock _____ this? It's so noisy. (be)
아… 이것은 누구의 알람시계야? 너무 시끄러워.

15 A _____ kind of movies _____ you _____? (like)
   B I like sci-fi films the most.
A: 어떤 종류의 영화를 좋아하나요?   B: 전 공상과학영화를 가장 좋아해요.

💬 Vocabulary ⁞⁞⁞

side 쪽 편 | **fault** 잘못 | **belong to** ~의 것이다 | **puss** 야옹이 | **out of this world** 이 세상의 것이 아닌, 천상의 것인 | **noisy** 시끄러운 | **sci-fi** 공상과학

18

의문부사 where

장소를 물을 때 사용하며, 「Where + be동사 + 주어 ~?」 또는 「Where + do[does/did] + 주어 + 동사원형 ~?」의 형태이다.

- **Where is her sister?**
  그녀의 언니는 어디에 있니?
- **Where did you buy this red skirt?**
  너는 이 빨간 치마를 어디에서 샀니?

1 Where is he from?
where does he come from?이라고 물을 수도 있어요.

2 Where are your manners?
manner에 -s를 붙이면 예의란 뜻이에요.

3 A Where were you born?
B I was born in the National Medical Center.

4 Hey! Did you see Kenny? Where is he?

5 Where do you go to school?

6 Where did she put the car keys?

7 A Where is my hat, Grandson?
B It's on your head.

Grammar ✓ Check

의문부사	뜻	묻는 것
where	어디	장소

8 Where is Juliet going secretly at this time of night?

9 Where does Veronica learn jiu jitsu?

10 It's an emergency! Where is the nearest bathroom?

11 Where are you going to stay in the United States?

🔗 **12** The voice answered, "Who am I? In my galaxy, they call me the God of Inner Power. Where am I? I'm everywhere"

구문**UP**   Fill in the blanks using the given words.

13 _____ _____ she _____ brunch on weekends? (have)
그녀는 주말에 브런치를 어디서 먹니?

14 _____ _____ you? This cave is like a maze. (be)
어디에 있니? 이 동굴은 마치 미로 같아.

15 A _____ _____ Sandra _____ this tablet PC? (get)
B She _____ it at Dragon Hill.
A: Sandra는 이 태블릿 피시를 어디에서 샀니?   B: 드래곤 힐에서 샀어.

💬 **Vocabulary**

manners 예의 | national 국립의 | medical center 의료원 | secretly 비밀스럽게 | emergency 비상 사태 | nearest 가장 가까운 |
bathroom 화장실 | stay 머물다 | galaxy 은하계 | call A B A를 B라 부르다 | inner power 내공 | brunch 아침 겸 점심 | maze 미로

 19

U N I T

의문부사 when

시간을 물을 때 사용하며, 「When + be동사 + 주어 ~?」 또는 「When + do[does/did] + 주어 + 동사원형 ~?」의 형태이다.

- **When is your birthday?**
  너의 생일은 언제니?

- **When does the train leave?**
  그 기차는 언제 출발하니?

1 When are you free?

2 When do you wake up?

3 A When does the concert start?   B It starts at 7.

4 When are we going to go on a field trip?

5 When does Olivia usually walk her dog?

6 When did Noriko immigrate to Canada?

7 A When are you going to marry Leonardo?   B I'm not sure.

8 A When do our final exams start?   B They started today...

Grammar ✓ Check

의문부사	뜻	묻는 것
when	언제	시간, 때

9 Joan, when is our parents' wedding anniversary?

복수형 어미로 끝나는 -s의 소유격은 apostrophe만 붙여요.

10 When was the most critical moment of your life?

11 "My planet exploded in a tragic accident. Oh, when can I see my people again?"

12 A When did King Sejong invent Hanguel?
　　 B In 1446 with the scholars of *Jiphyeonjeon*.

구문UP Fill in the blanks using the given words.

13 ＿＿＿＿＿＿ ＿＿＿＿＿＿ the presidential election? (be)

대통령 선거일이 언제니?

14 ＿＿＿＿＿＿ ＿＿＿＿＿＿ Emily usually ＿＿＿＿＿＿ back home? (come)

Emily는 대개 언제 집에 오나요?

15 ＿＿＿＿＿＿ ＿＿＿＿＿＿ you ＿＿＿＿＿＿ independent from your parents?
(become)

너는 언제 부모님으로부터 독립했어?

📑 **Vocabulary**

free 한가한 | **field trip** 현장학습 | **walk** 산책시키다 | **immigrate** 이주해 오다 | **anniversary** 기념일 | **most** 가장 | **critical** 위기의, 위태로운 | **planet** 행성 | **explode** 폭발하다 | **tragic** 비극적인 | **presidential** 대통령의 | **election** 선거 | **independent** 독립한, 자치적인

UNIT

의문부사 why

이유를 물을 때 사용하며, 「Why + be동사 + 주어 ~?」 또는 「Why + do[does/did] + 주어 + 동사 원형 ~?」의 형태이다.

A **Why were you absent yesterday?**
B **Because I was sick.**

A: 어제 왜 결석했니?   B: 아파서.

• **Why didn't he come to the party yesterday?**

어제 왜 그는 파티에 오지 않았니?

1 Why are you still awake?

2 Why did Mr. Ron become a nurse?

주의
3 A Why didn't you answer my call?   B Because I was busy.

why로 물으면 주로 because로 대답해요.

4 Why is he going to bed so early?

주의
5 Why don't you ask Lou? He will help you.

what about ~, How about ~, Let's ~, Shall we ~? 등으로도 쓸 수 있어요.

6 Why is Wendy yelling at her friend?

주의
7 A Why does he like Sara?   B Because she's pretty pretty.

이 pretty는 형용사 pretty(예쁜)를 꾸며주는 부사로, '아주'라는 의미에요.

Grammar ✔ Check

의문부사	뜻	묻는 것
why	왜	이유

8 Why didn't you show up at the meeting?

9 Hey, Son! Why aren't you eating any vegetables?

10 Why are they taking a tai chi chuan class?

참고 tai chi chuan
태극권. 중국 송대(宋代)에 시작된 체조식 권법으로 완만하게 원호(圓弧)를 그리는 동작이 특징이며 건강법으로서 보급되었습니다.

11 A Why are you so sad?
B Because my sister deleted my folders.

12 "Why did the villain have to destroy the planet? I still don't understand."

구문UP **Fill in the blanks using the given words.**

13 _____ _____ Pororo _____ his goggles? (be, wear)
뽀로로는 왜 그의 고글을 쓰고 있지?

14 _____ _____ _____ _____ Liz to your pajama party? (invite)
너의 파자마 파티에 Liz를 초대하는 게 어때?

15 _____ _____ Rachel _____ uncomfortable at the amusement park? (do, feel)
Rachel은 놀이공원에서 왜 불편해 했니?

📖 Vocabulary

absent 결석한 | **awake** 깨어있는 | **yell at ~** ~에게 소리 지르다 | **pretty** 아주, 매우 | **show up** 나타나다 | **folder** 폴더 | **destroy** 파괴하다 | **goggles** 고글 | **pajama party** 파자마 파티(10대 소녀들이 친구집에 모여 밤새워 노는 모임) | **uncomfortable** 불편한 | **amusement park** 놀이 공원

21

UNIT

의문부사 how

방법, 수단, 상태를 물을 때 사용하며, 「How + be동사 + 주어 ~?」 또는 「How + do[does/did] + 주어 + 동사원형 ~?」의 형태이다.

- **How was your vacation in Boeun?**
  보은에서의 휴가는 어땠니?

- **How do I get to the bookstore?**
  그 서점에 어떻게 가니?

1 How is the weather today?
What's the weather like?으로 쓸 수도 있어요.

2 A How do you go to school?　B By bus.
「by+교통수단」 사이에는 관사를 쓰지 않아요.

3 How did you break your arm?
신체부위가 부러지는 것은 'break one's 신체부위'로 표현해요.

4 A I deleted my Facebook account.　B How come?
How come?은 'why(왜)'의 의미로도 쓰여요.

5 How far is it to Mt. Baekdu from Jeju-do?
how 다음에 형용사나 부사가 나오면 '얼마나'로 해석해요.

6 A How do you say "I love you" in Spanish?
　B Te quiero.
　A Me, too.

7 How fast are the fifth generation jet fighters?
five의 서수는 fifth예요.

Grammar ✓ Check

의문부사	뜻	묻는 것
how	어떻게, 얼마나	방법, 수단, 상태

참고 **기수와 서수**

one – first
two – second
three – third
four – fourth
five – fifth
six – sixth
seven – seventh
eight – eighth
nine – ninth
ten – tenth
eleven – eleventh
twelve – twelfth
thirteen – thirteenth
fourteen – fourteenth
fifteen – fifteenth
twenty – twentieth
thirty – thirtieth
forty – fortieth
fifty – fiftieth
sixty – sixtieth
seventy – seventieth
eighty – eightieth
ninety – ninetieth
one hundred – one hundredth
thousand – thousandth

8 A How much is this flower with the vase?
   B It's 9,900 won.

9 How does Philip solve difficult questions so easily?

10 How did this little kid write this marvelous poem?

🔗 **11** "Andrew, how are you going to use your new powers?
   Your decision will change the future of the Earth."

12 A How often do your children eat chicken?
   B Everyday. They're crazy about chicken.

구문UP **Fill in the blanks using the given words.**

13 _____ _____ you _____ on your first flight? (feel)
   첫 비행기를 탄 기분이 어땠어?

14 A _____ _____ _____ this cute turtle? (be)
   B He is 150 years old.
   A: 이 귀여운 거북이는 몇 살인가요?   B: 그는 150살이란다.

15 A _____ _____ _____ it _____ to get there? (take)
   B It _____ about half an hour.
   A: 그곳에 도착하는데 얼마나 걸렸니?   B: 약 30분 걸렸어.

📑 Vocabulary

bookstore 서점 | **delete** 삭제하다 | **account** 계정 | **generation** 세대 | **jet fighter** 전투기 | **vase** 꽃병 | **marvelous** 놀라운 |
poem 시 | **decision** 결정 | **decide** 결정하다 | **future** 미래 | **be crazy about** ~에 미치다 | **flight** 비행 | **half** 반, 절반

22

will
'~할 것이다'라는 의미로 미래와 의지를 나타낸다.

- ## My father will come back in a few days.
  우리 아버지는 며칠 후에 돌아올 것이다.

- ## I won't go to such places again.
  나는 두 번 다시 그런 곳에는 가지 않을 것이다.

- ## Will you go to S-Mart and buy some milk?
  S마트에 가서 우유 좀 사올래?

1   The guests will arrive soon.

2   What will you do tonight?
what are you doing tonight? 또는 what are you going to do tonight?과 비슷한 뜻이예요.

3   Mr. White won't dye his hair black again.

4   Oh, maybe your daughter will go to Harvard or Yale.

5   The children won't worry about the bad weather.

6   Someday mankind will travel to other galaxies.

Grammar ⊘ Check

조동사 will

	평서문	부정문	의문문	
형태	will + 동사원형	will not (won't) + 동사원형	Will + 주어 + 동사원형 ~?	
의미	~할 것이다, ~하겠다	~하지 않을 것이다, ~하지 않겠다	대답	[긍정] Yes, 주어 + will. [부정] No, 주어 + will not[won't].

7   Amy won't tell her father about the car accident.

8   "Use your powers for others. Then, you will be a good hero."

9   Worry without any effort won't help you.

10 She will put a chocolate flower on top of the cake.

주의
11 A Will the museum be open tomorrow?
    B No, they won't. They close on Mondays.
                                      every Monday라고도 쓸 수 있어요.

주의
12 A I'm going to see the volleyball match. Will you come with me?
    B No, I won't.
                    Will you ~?는 Can you, Could you, Would you?로 쓸 수도 있어요.

구문UP **Fill in the blanks using *will* and the given words.**

13 Mr. Holmes _____ _____ home by six. (be)
    Holmes 씨는 여섯시까지 집에 도착하지 않을 것입니다.

14 When _____ the headquarters _____ air support? (begin)
    본부는 공중지원을 언제 시작합니까?

15 A _____ Jessy _____ _____ with her father tonight? (eat out)
    B Yes, she _____.
    A: Jessy는 오늘 밤 그녀의 아빠와 외식할 거니?   B: 어, 그럴 거야.

📖 **Vocabulary** ┊┊┊

dye 염색하다 | **maybe** 아마도 | **someday** 언젠가 | **mankind** 인류 | **galaxy** 은하계 | **others** 다른 사람들 | **effort** 노력 | **museum** 박물관 | **headquarters** 본부 | **air support** 공중지원 | **eat out** 외식하다

23

UNIT

can

능력으로 '～할 수 있다', 가능성으로 '～일 수도 있다', 허락으로 '～해도 된다'의 의미가 있다. 능력의 경우 be able to로 쓸 수도 있다.

- **You can see many stars at night from here.**
  여기에서 밤에 많은 별들을 볼 수 있어.

- **Can Anna eat three hamburgers at one time?**
  Anna가 한 번에 햄버거 세 개를 먹을 수 있을까?

1 John can run a mile in five minutes.

2 Anybody can make mistakes.

 3 A Can you do me a favor?   B Sure. What is it?

Can you give me a hand? 또는 Can you help me?라고도 쓸 수 있어요.

4 Can't you stay still?

5 The rumors can't be true.

6 She is able to ride a horse backwards. Her horse hates it.

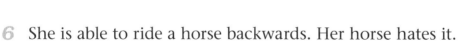

Grammar ✓ Check

조동사 can (과거형: could)

		평서문	부정문	의문문
	형태	can + 동사원형	cannot (can't) + 동사원형	Can + 주어 + 동사원형 ～?
의미	능력	～할 수 있다 (= be able to)	～할 수 없다 (= be not able to)	대답 [긍정] Yes, 주어 + can. [부정] No, 주어 + can't.
	가능성/추측	～일 수도 있다	～일 리가 없다	
	허락	～해도 된다 (= may)	～하면 안 된다 (= may not)	

7 I won't be able to have lunch with you today.

won't(조동사)와 can(조동사)는 나란히 쓸 수 없어서 be able to로 써야 해요.

8 Only Thor can pick up his hammer.

9 People are not able to breathe under water.

10 "You can run as fast as lightning with your new powers."

「as 원급 as」는 '~ 만큼 (형용사)한, ~ 만큼 (부사)하게'의 뜻이예요.

11 We could understand each other without talking.

12 A Could you reconsider your judgement on the case?   B No, never.

Could you ~?는 과거의 의미가 아니라 '~해주실래요?'의 의미예요.

구문UP Fill in the blanks using *can* or *be able to* and the given words.

13 That _____ _____ Ryan. He's in Manhattan now. (be)

저 사람은 Ryan일 리가 없어. 그는 지금 맨하탄에 있어.

14 Ned _____ _____ _____ _____ a scholarship this semester. (get)

Ned는 이번 학기에 장학금을 받을 수 있다.

15 A _____ you _____ me home this evening? (drive)

B Sorry, but I _____. I have a date.

A: 저녁에 저 좀 집으로 태워주실 수 있으세요?   B: 미안하지만 안되겠다. 데이트가 있거든.

📑 **Vocabulary**

at one time 한 번에 | **do one a favor** ~의 부탁을 들어주다 | **still** 가만히 있는; 아직 훨씬 | **rumor** 소문 | **backwards** 거꾸로 | **pick up** 집다, 들다 | **breathe** 숨쉬다 | **lightning** 번개 | **reconsider** 재고하다, 다시 생각하다 | **judgement** 판단, 판결 | **case** 사건, 경우 | **scholarship** 장학금 | **semester** 학기 | **drive someone home** ~를 집에 태워 주다

24

may

추측으로 '∼일지도 모른다'라는 의미와 허락으로 '∼해도 좋다'의 의미가 있다.

UNIT

- **It may be true.**
  그것은 사실일지도 모른다.

- **May I use your cell phone?**
  네 휴대폰을 써도 되니?

1 May I go to the bathroom?

2 Ma'am. You may not park your car here.

3 We may see the sunrise over Machu Picchu.

4 He's an excellent player. He may win the competition.

5 A May I give a biscuit to your bulldog?
  B No, you may not.

6 The thief may be an employee in this company.
  maybe '아마도'와 헷갈리면 안돼요.

﹏ Grammar ✔ Check ﹏﹏﹏﹏﹏﹏﹏﹏﹏﹏﹏﹏﹏﹏﹏﹏﹏﹏﹏﹏﹏﹏﹏﹏﹏

조동사 may(과거형: might)

		평서문	부정문	의문문	
형태		may + 동사원형	may not + 동사원형	May I/we + 동사원형 ∼?	
의미	추측	∼일지도 모른다	∼이 아닐지도 모른다	대답	[긍정] Yes, 주어 + may.
	허락	∼해도 된다 (= can)	∼하면 안된다 (= cannot)		[부정] No, 주어 + may not.

7　She may not be able to call you back. She's busy.

8　A　May I take you to dinner sometime?
　　B　Yes, you can.

주의
9　You **might** be right. I may be wrong.
　　might는 더 약한 추측을 의미할 수도 있어요.

10　The barista may be out of his mind. He put salt in my cappuccino.

🔗 11　"People may not see you passing by them when you run fast."

12　An electric car may not be the right answer for our air pollution.

구문UP　**Fill in the blanks using *may* and the given word.**

13　That thing ＿＿＿＿＿ ＿＿＿＿＿ ＿＿＿＿＿ a human. (be)
　　저것은 사람이 아닐 수도 있어.

14　A　＿＿＿＿＿ I ＿＿＿＿＿ ＿＿＿＿＿ now? (come in)
　　B　Sorry, you can't.
　　A: 이제 들어가도 되나요?　B: 미안하지만 안됩니다.

15　Dad　You ＿＿＿＿＿ ＿＿＿＿＿ to the party tonight. But call me every
　　　　30 minutes. (go)
　　아빠: 넌 오늘 밤에 파티에 가도 된다. 하지만 30분마다 나에게 전화해야 한다.

📑 **Vocabulary**

park 주차하다 | **competition** 대회 | **employee** 직원 | **call (someone) back** 다시 전화하다 | **out of one's mind** 제정신이 아닌 |
pass by ~를 지나가다 | **electric** 전기의 | **pollution** 오염 | **now** 이제, 지금

25

UNIT

have to

의무로 '~해야 한다'라는 의미이고 must와 같은 뜻이다. 단, 주어가 3인칭 단수면 has를 쓴다.

- **Sarah has to water the flowers.**
  Sarah가 꽃에 물을 줘야만 한다.

- **Do you have to go to school on Saturdays?**
  너는 토요일마다 학교에 가야하니?

1 I have to go now.
I must go now. I've really got to go now. 등으로 바꿔 쓸 수 있어요.

2 Nancy has to carry her brother home.

3 When do you have to pay your taxes?

4 The old man had to take the pills for three months.

5 Why did she have to leave me?

6 Teacher You have to get a haircut. It's too long.

7 "You have to keep this secret from everyone, even your mom."

Grammar ⊘ Check

조동사 have to (과거형: had to)

	평서문	의문문	
형태	have to + 동사원형	Do[Does] + 주어 + have to + 동사원형 ~?	
의미	~해야 한다	대답	[긍정] Yes, 주어 + do[does]. [부정] No, 주어 + don't[doesn't].

8 The criminal will have to stay in prison until 2050.

9 A (on the phone) I can't hear you. You have to speak louder.
B OKAY. CAN YOU HEAR ME NOW?

10 Charles got fired last month. He had to find another job.

11 A Does every smile have to mean happiness?
B No, it doesn't.

12 In a democratic society, every conscious citizen has to vote.

구문UP Fill in the blanks using *have to* and the given words.

13 _____ you really _____ _____ _____ those mountain clothes? (wear)
당신은 정말로 저 등산복을 입어야 합니까?

14 You _____ _____ _____ your grades to your mother. (show)
너는 너의 어머니께 너의 점수를 보여드려야 해.

15 Mr. Castro _____ _____ _____ expensive lawyers for his defense. (hire)
Castro 씨는 법정에서 그의 변호를 위해 비싼 변호사들을 고용해야만 했다.

📑 **Vocabulary**

pay 지불하다 | **tax** 세금 | **take the pill** 알약을 복용하다 | **get a haircut** 머리를 깎다 | **even** 심지어 | **criminal** 범죄자 | **stay** 머무르다 | **prison** 감옥 | **until** ~까지 | **louder** 더 크게 | **get fired** 해고 당하다 | **democratic** 민주주의의 | **conscious** 의식이 있는 | **citizen** 시민 | **hire** 고용하다 | **lawyer** 변호사 | **defense** 변호, 방어

26

U N I T

should
의무로 '~해야 한다'라는 의미이다.

- # We should follow her plan.
  우리는 그녀의 계획을 따라야 한다.

- # You should not spit on the street.
  길거리에 침을 뱉어서는 안 된다.

1 You should cross at the crosswalk.

2 Should I go now or later?

3 You shouldn't drive on the right in Jamaica.

4 Honey, we really should buy that fancy house!

5 A What should I do?　B You should go see a doctor.

6 You should wash your hands before eating.

주의
7 We should respect the elderly.
　　　　　the+형용사는 '~한 사람들'을 나타내기도 해요.

8 Everybody is standing in line.
　You should not cut in line.

9 They should do something about this terrible bus service.

10 "You should use your powers only when they are really necessary."
when은 접속사로 '~할 때'의 의미로, 의문사와 구분해야 해요.

11 In group activities, you ought to follow your leader.
ought to는 should와 같은 뜻이에요.

12 Ms. de Borg should forgive her son for her own peace of mind.

구문UP Fill in the blanks using *should* and the given words.

13 They _____ _____ warning labels. (put)
그들은 경고딱지를 붙여야 한다.

14 A _____ we _____ some pizza for her? (leave)
 B Do we really have to?
A: 그녀를 위해 피자를 좀 남겨 놔야 할까?   B: 우리가 정말 그럴 필요가 있을까?

15 From now on, you _____ _____ my little brother.
(bully)
이제부터 너희들은 내 남동생을 괴롭히면 안 된다.

📝 **Vocabulary**

spit 침을 뱉다 | fancy 멋진 | respect 공경하다 | stand in line 줄을 서다 | cut in line 새치기 하다 | terrible 형편없는 | necessary 필요한 | activity 활동 | warning label 경고딱지 | leave 남기다 | from now on 이제부터 | bully (약자를) 괴롭히다

27

UNIT

must
의무로 '~해야 한다'라는 의미와 강한 추측으로 '~임에 틀림없다'라는 의미가 있다.

- **All students must keep quiet in the library.**
  모든 학생들은 도서관에서 조용히 해야 한다.
- **That woman must be an actress.**
  저 여성은 배우임에 틀림없다.

1 (yawning) I must take a nap now.

2 You must be joking! Hahaha!

3 A Mom, do I have to take out the garbage now?
   B Yes, you must do it now.

4 We must not steal other people's money.

5 All passengers must wear their seatbelts at all times.

6 The story sounds unrealistic, but it must be true.
「sound+형용사」는 '~처럼 들리다'라는 뜻이에요. 형용사 자리에 부사를 쓰면 안돼요.

Grammar ✓ Check

조동사 must (과거형: had to)

	평서문	부정문	의문문
의무	must + 동사원형: ~해야 한다 (= have to)	don't[doesn't] have to + 동사원형: ~할 필요가 없다 (= need not)	Must + 주어 + 동사원형 ~? [긍정] Yes, 주어 + must.
강한 추측	must + be~: ~임에 틀림없다	cannot + be ~: ~일 리가 없다	[부정] No, 주어 + must not(mustn't).: 금지
금지		must not + 동사원형: ~해서는 안된다	No, 주어 + don't[doesn't] have to.: 불필요

7 Every student must wear a uniform in school.

주의
8 I can't find my earrings. They must be here somewhere.

사물의 복수도 They로 써요.

9 Alfredo didn't eat anything all day. He must be hungry.

10 Coconut oil must be a heavenly ingredient.

11 "And Jake, you must not say anything about this, either."

12 A That boy must be Keanu.
B He cannot be. He's in the PC café now.

구문UP **Fill in the blanks using *must* and the given words.**

13 He _____ _____ _____ the bank today. (drop by)

그는 오늘 꼭 은행에 들러야 한다.

14 Thieves Don't move! They _____ _____ the cops. (be)

도둑들: 움직이지 마! 저들은 경찰임에 틀림없어.

15 A _____ I _____ my doll to my brother? (give)

B No, you don't have to.

A: 내가 내 인형을 꼭 남동생에게 줘야 하나요? B: 아니, 그럴 필요 없어.

📋 **Vocabulary** ....

actress 여배우 | **yawn** 하품하다 | **take a nap** 낮잠을 자다 | **joke** 농담하다 | **take out** 가지고 나가다 | **garbage** 쓰레기 | **steal** 훔치다 |
passenger 승객 | **at all times** 항상 | **unrealistic** 비현실적인 | **heavenly** 천국의, 하늘의 | **ingredient** 재료 | **drop by** (잠깐) 들르다 |
cop 경찰

28

UNIT

don't have to

불필요로 '~할 필요가 없다'라는 의미이다. must not과 don't have to는 의미가 다르므로 구별해야 한다.

- **You don't have to go there now.**
  너는 지금 그곳에 갈 필요가 없다.

- **Sora doesn't have to finish the work today.**
  소라는 오늘 일을 끝마칠 필요가 없다.

1 You don't have to bring your laptop.

2 Mr. Thin doesn't have to lose weight.

3 She didn't have to worry about her retirement.

4 Today is Sunday. You don't have to wake up early.

5 You don't have to tidy up now. I'll do it later.

6 Waldo is a millionaire. He doesn't have to work like you.

Grammar ✔ Check

don't have to (과거형: didn't have to)

	현재	과거
형태	don't have to + 동사원형 (= don't need to + 동사원형) (= need not + 동사원형)	didn't have to + 동사원형 (= didn't need to 동사원형)
의미	~할 필요는 없다, ~해야만 하는 것은 아니다	~할 필요는 없었다, ~해야만 하는 것은 아니었다

7 Hooray! I don't have to do the laundry this week.

8 He doesn't have to keep this secret anymore.

9 You don't have to feel stupid for your mistake.

🔗 10 "We don't have to let anyone else know about this, okay?"

11 In ethics, questions don't always have to have only one correct answer.

12 You don't have to water the plant. The automatic sprinklers will do it for you.

구문**UP**   **Fill in the blanks using *have to* and the given words.**

13 Oh, you _____ _____ _____ _____ _____. (stand up)
오, 일어설 필요는 없어요.

14 Sergey _____ _____ _____ _____ to her. (apologize)
Sergey는 그녀에게 사과할 필요는 없었다.

15 Why _____ she _____ _____ _____ _____ the group work? (participate in)
왜 그녀는 모둠 작업에 참여할 필요가 없는 거죠?

📋 Vocabulary ||||||||||||||||||||||||||||||||||||||||||||||||||||||||||||||||||||||||||||||

laptop 노트북컴퓨터 | retirement 은퇴 | tidy up 치우다 | millionaire 백만장자 | hooray 만세 | laundry 빨래 | anymore 더 이상 |
stupid 멍청한 | ethics 윤리, 윤리학 | correct 옳은, 맞는 | water 물을 주다 | automatic 자동의 | sprinkler 물뿌리는 장치 | apologize
사과하다

꼬리에 꼬리를 무는 문장 ❷

앞서 학습한 유닛에서 표시된 🔗 문장을 이으면
멋진 슈퍼 히어로 Andrew의 이야기가 펼쳐집니다!

앞에서 Andrew가 신비로운 힘을
얻어 슈퍼히어로가 되었지. 그가
어떻게 해서 이런 힘을 얻게
되었는지 이제 그 비밀이 드러날
거야. 내가 누구냐고? 궁금하면
지문을 읽어봐!

Read the following and answer the questions.

Andrew asked, "Who are you?¹⁴ What do you want from me?¹⁵ Which do you want me to be, a good hero or an evil one?"¹⁶

"Whose voice is this? Where are you?" Jake asked.¹⁷

The voice answered, "Who am I? In my galaxy, they call me the God of Inner Power. Where am I? I'm everywhere."¹⁸ My planet exploded in a tragic accident. Oh, when can I see my people again?¹⁹ **[destroy, the, did, to, planet, why, the, have, villain]**? I still don't understand.²⁰ Andrew, how are you going to use your new powers? Your decision will change the future of the Earth.²¹ Use your powers for others. Then, you will be a good hero.²² You can run as fast as lightning with your new powers.²³ People may not see you passing by them when you run fast.²⁴ You have to keep this secret from everyone, even your mom.²⁵ You should use your powers only when they are really necessary.²⁶ And Jake, you must not say anything about this, either.²⁷ We don't have to let anyone else know about this, okay?"²⁸

* 구문 활용 독해문장 뒤의 번호는 해당 문장이 삽입되어 있는 유닛입니다.

66

1 Choose the right word for the blank.

- _____ job!
- I'm _____ at singing.

① well ② good ③ awful ④ kind ⑤ nice

2 Which is not true about the power that the God of Inner Power gave Andrew?

① Andrew should use his power for others.

② Andrew can run as fast as lightning.

③ Andrew may tell his mom about his powers.

④ Andrew should use his power when in need.

⑤ Jake has to keep Andrew's powers secret.

3 Rearrange the given words in correct order.

왜 그 악당은 그 행성을 파괴시켜야만 했을까?

[destroy, the, did, to, villain, planet, why, the, have]?

Vocabulary

good 좋은, 선한 | **evil** 악한, 악의 | **planet** 행성 | **explode** 폭발하다 | **tragic** 비극적인 | **villain** 악당 | **destroy** 파괴하다 | **others** 다른 사람들 | **lightning** 번개 | **pass by** ~를 지나가다 | **even** 심지어 | **necessary** 필요한

29

U N I T

to부정사의 명사적 용법
주어, 보어, 목적어로 쓰이며 '～하는 것'으로 해석된다.

- **To swim in the sea is very dangerous.**
  바다에서 수영하는 것은 매우 위험하다.

- **Her dream is to be a world famous skater.**
  그녀의 꿈은 세계적인 스케이트 선수가 되는 것이다.

- **I don't want to solve her problem.**
  난 그녀의 문제를 해결하기를 원치 않는다.

1   To drink water is good for your health.

2   I want to ride my bicycle.

3   My wish is to build a city for children.

참고 'I want to ride my bicycle.'
은 1970년대에서 1990년대까지 활동
한 영국의 록밴드 Queen의 *Bicycle
Race*의 노래가사입니다.

4   A Mr. Owl has night blindness.
    B He needs to take vitamin A.

5   Ling Ling planned to open her own Chinese restaurant.

6   A To live with Josh is so terrible! He doesn't like to shower.
    B What?

ⅢⅢ Grammar ⊘ Check ⅢⅢⅢⅢⅢⅢⅢⅢⅢⅢⅢⅢⅢ

to부정사의 명사적 용법

문장성문	위치	to부정사만 목적어로 취하는 동사 – 미래/예정의 의미
주어	문장 앞	
보어	be동사, seem 뒤	agree, promise, hope, want, wish, decide, plan, expect…
목적어	일반 동사 뒤	

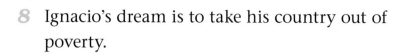

7 It isn't helpful to eat junk food at night.
주어가 길면 뒤로 보내고 가주어를 써요.

8 Ignacio's dream is to take his country out of poverty.

9 This croissant seems to be too sweet.

10 Bruce Lee expected to win the cha-cha competition.

11 Andrew and Jake decided to keep this secret and answered "Yes!"

12 To improve is to change; to be perfect is to change often.
– Winston Churchill

구문 **UP** **Fill in the blanks using *to* and the given words.**

13 I _____ _____ _____ to Jisan World Rock Festival. (hope, go)
나는 지산 월드 락 페스티벌에 가고 싶다.

14 _____ is hard _____ _____ a foreign language. (learn)
외국어를 배우는 것은 어렵다.

15 _____ _____ your promise is _____ _____ your credit. (keep, build)
당신의 약속을 지키는 것이 당신의 신뢰를 형성하는 것입니다.

📑 **Vocabulary**

dangerous 위험한 | **famous** 유명한 | **solve** 풀다 | **wish** 바람; 바라다 | **night blindness** 야맹증 | **own** 자신의 | **helpful** 도움이
되는, 유용한 | **poverty** 가난, 빈곤 | **competition** 대회, 경쟁 | **improve** 개선하다 | **perfect** 완벽한 | **foreign** 외국의 | **language** 언어 |
credit 신뢰

30

의문사 + to부정사

주어, 보어, 목적어로 사용된다. what to부정사(무엇을 ~할지), which to부정사(어느 것을 ~할지), how to부정사(어떻게 ~할지), when to부정사(언제 ~할지), where to부정사(어디에서 ~할지) 등이 있다.

- **I really don't know what to do.**
  난 무엇을 해야 할지 정말로 모르겠다.
- **Bora learned how to make pizza.**
  보라는 피자를 어떻게 만드는 지를 배웠다.

---

1   I don't know what to say.

2   Where to put the TV was the problem.

주의
3   Tony didn't ask us when to leave for Iceland.

                        leave for 는 '~를 향해 떠나다'이고 leave는 '~를 떠나다'예요.

4   Mario doesn't know how to jump well.

5   Christine never knows which to choose.

🔗 6   Andrew said, "I will be careful about how to use my powers."

⫶⫶⫶ Grammar ✔ Check ⫶⫶⫶⫶⫶⫶⫶⫶⫶⫶⫶⫶⫶⫶⫶⫶⫶⫶⫶⫶⫶⫶⫶⫶⫶⫶⫶

형태	의미
what + to부정사	무엇을 ~할지
which + to부정사	어느것을 ~할지
how + to부정사	어떻게 ~할지, ~하는 방법
when + to부정사	언제 ~할지
where + to부정사	어디에서 ~할지

7 Director Ramsey knew where to catch the suspect.

8 Would you tell me what color to paint this wall?

9 They are discussing where to put the advertisement.

10 Violetta is not sure whom to go to the gallery with.

11 Mr. Tyler wants to know what to do for his health.

12 Professor Wang will teach us how to keep our desks clean.

구문UP Fill in the blanks using the given words.

13 The mouse was looking for _____ _____ _____. (hide)
그 생쥐는 숨을 곳을 찾고 있었다.

14 Hilton wrote, "_____ car _____ _____ to a summer wedding?" (drive)
Hilton은 "여름 결혼식에는 어떤 차를 타고 가지?"라고 썼다.

15 The firefighter explained _____ _____ _____ the building in an emergency. (escape)
그 소방관은 비상시 건물을 나가는 방법에 대해 설명했다.

📝 **Vocabulary**

be careful about ～에 대해 주의하다 | **director** 국장, 임원 | **suspect** 용의자 | **discuss** 의논하다, 상의하다 | **advertisement** 광고 | **gallery** 미술관 | **mouse** 생쥐(pl. mice) | **firefighter** 소방관 | **escape** 탈출하다 | **emergency** 비상

31

UNIT

to부정사의 형용사적 용법

명사나 대명사 뒤에 와서 '∼하는, ∼할'의 의미이다. to부정사 뒤에 전치사가 오는 경우도 있다.

- **Give me something to eat.**
  먹을 것 좀 주세요.

- **Kate wants a chair to sit on.**
  Kate는 앉을 의자를 원했다.

1 We have nothing to lose.

2 We boiled eggs to share on Easter.

3 Don't we need more chairs to sit on?

4 A Hey, I have something serious to tell you.   B What is it?

-thing으로 끝나는 명사는 형용사가 뒤에서 꾸며줘요. eg)something, anything, nothing, everything

5 Mike bought a robot dog to play with.

6 Wow! This shop has a lot of items to buy.

7 The ants found a place to store their food.

Grammar ⊘ Check

to부정사의 형용사적 용법

	예시	해석	의미
명사 + to부정사	homework to do	할 숙제	∼할(하는) 명사
명사 + to부정사 + 전치사	a chair to sit on	(위에) 앉을 의자	(∼에)∼할(하는) 명사

8　Ricky doesn't have any partner to dance with.

9　This program has a lot of errors to fix.

10　Sorry, but we are out of any bread to share.

🔗 11　The God of Inner Power said, "Andrew, I'll tell you something important to remember."

12　Sergio has no friends to confide in or support him.

구문 **UP**　**Fill in the blanks using the given words.**

13　Why don't we have something _____ _____? (drink)
우리 뭔가 마시는 게 어때요?

14　Isaac is happy to get a new room _____ _____ _____.
(study in)
Isaac은 새로운 공부방을 받게 되어서 행복하다.

15　The executives of the resort had to find a way _____ _____ their financial problems. (solve)
그 리조트의 임원들은 재정문제를 해결하기 위한 방법을 찾아야만 했다.

💬 **Vocabulary** ⫶⫶⫶

boil ~을 삶다 | **share** 나누다 | **Easter** 부활절 | **serious** 심각한 | **store** 저장하다 | **fix** 고치다, 수리하다 | **be out of** ~이 다 떨어지다 |
confide in 비밀을 털어놓다 | **support** 지지하다 | **executive** 임원 | **financial** 재정의

32

to부정사의 부사적 용법

목적을 나타내는 '~하기 위해', 원인을 나타내는 '~해서', 결과를 나타내는 '~해서 …하다'와 형용사를 수식하는 '~하기에'의 의미로 쓰인다.

- **She studied hard to pass the exam.**
  그녀는 시험에 통과하기 위해 열심히 공부했다.

- **I'm sad to say goodbye to you.**
  너와 작별인사를 하게 되어서 슬프다.

1   I'm sorry to bother you.

2   Nana went to Thailand to play golf.

3   Everybody was surprised to see Ariana on the street.

4   Life doesn't have to be perfect to be wonderful.

5   Hanguel is not difficult to read and write.

6   Elizabeth was shocked to hear the rumor about her boyfriend.

7   The lonely crane lived to be 86 years old.

Grammar ✓ Check

to부정사의 부사적 용법

목적	~하기 위해
원인	~해서
형용사 수식	~하기에
결과	~해서 …하다

8   They spoke quietly not to wake the children.

9   Samson got angry to find her deception.

10   Jimmy's guitar playing is hard to copy.

🔗 11   "After running for ten minutes, you have to stop for one minute to prevent a heart attack."

12   Inpyo woke up to find he was suddenly very popular.

구문 UP   **Fill in the blanks using the given words.**

13   I am very pleased _____ _____ you, Mr. Keating! (meet)
Keating 선생님 만나게 되어서 정말 기쁩니다.

14   We need two more boys _____ _____ a team. (make)
우리는 팀을 만들기 위해 소년이 두 명 더 필요해.

15   Kar Wai Wong grew up _____ _____ a well known movie director. (be)
왕가위는 자라서 유명한 영화 감독이 되었다.

💬 **Vocabulary**

bother 방해하다 | **perfect** 완벽한 | **rumor** 소문 | **lonely** 외로운 | **crane** 학 | **deception** 속임수, 기만 | **copy** 모방하다, 따라하다 |
prevent 예방하다 | **heart attack** 심장마비 | **pleased** 기쁜 | **well known** 잘 알려진 | **movie director** 영화감독

33

동명사

동사 뒤에 -ing를 붙여 명사처럼 쓰인다. 문장에서 주어, 목적어, 보어, 전치사의 목적어로 쓰이며 '~하는 것, ~하기'로 해석된다.

- **Eating carrots is good for your eyes.**
  당근을 먹는 것은 눈에 좋다.
- **Thank you for saving my life.**
  제 목숨을 구해 주셔서 감사합니다.

1 Finding a parking space is quite difficult in this area.

2 Exam Stop avoiding me.

stop avoiding me!

3 Your mistake was talking too much in front of her.
「be +ing」가 'be / –ing'인지 잘 구분해야 해요. eg) She was talking. (이야기하는 중이었다)

4 Making fun of other people is not fun for them.

5 Laura dreams of living on a small island.

6 Mr. Nedialkov enjoys fishing on his yacht.

7 After watching a plane crash, I avoid airplanes.

Grammar ✔ Check

문장성문	위치	동명사만 목적어로 취하는 동사 – 과거/경험의 의미
주어	문장 앞	
보어	be동사 뒤	enjoy, mind, give up, finish, stop, avoid, practice, keep...
목적어	동사 뒤	
	전치사 뒤	

…

8 Not getting a good grade is too sad.
동명사의 부정은 동명사 앞에 not을 써요.

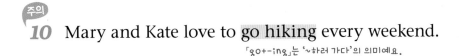

참고 go swimming 수영하러 가다
go fishing 낚시하러 가다
go shopping 쇼핑하러 가다
go bowling 볼링하러 가다

9 Thank you for inviting me to tonight's party.

10 Mary and Kate love to go hiking every weekend.
「go+-ing」는 '~하러 가다'의 의미예요.

11 Sending roses is just a waste of time, buddy, because she's mine.

12 "Don't worry. Running for more than ten minutes at a time is
동명사 Running이 주어이므로 단수 취급하여 동사는 is예요.

impossible for me." Andrew answered.

구문UP Fill in the blanks with *-ing* forms using the given words.

13 The nurse doesn't _____ _____ the night shift. (work)
그 간호사는 야간 근무를 꺼리지 않는다.

14 Her supernatural power is _____ invisible. (become)
그녀의 초능력은 눈에 보이지 않게 되는 것이다.

15 _____ 30 minutes a day is the secret to my youth. (jog)
매일 30분씩 조깅하는 것이 제 젊음의 비결입니다.

📑 **Vocabulary**

quite 꽤 | in front of ~의 앞에 | make fun of 놀리다, 비웃다 | waste 낭비 | buddy 친구 | at a time 한번에 | impossible 불가능한 |
mind 꺼리다 | night shift 야간 근무 | supernatural 초자연적인 | invisible 보이지 않는 | secret 비결, 비밀

Chapter 07 / 동명사

77

34

빈도부사

always(항상), usually(보통), sometimes(가끔), never(결코 ∼ 아닌)처럼 빈도나 횟수를 나타내는 부사이다. 빈도부사는 조동사와 be동사의 뒤, 일반동사의 앞에 위치한다.

- **Sam's room is always messy.**
  Sam의 방은 항상 지저분하다.
- **Jiho usually gets up late on weekends.**
  지호는 주말에는 보통 늦게 일어난다.

1 Traveling abroad is always interesting.

2 Italian suits are usually very expensive.

3 You often make the mistake of calling me Mary.

4 It seldom snows in Sydney.

5 Winners never quit and quitters never win.

6 What kind of music do you usually listen to?

7 A Honey, what day is it today?
   B Today? It's Wednesday.
   A It's my birthday. You always forget!

Grammar ✅ Check

빈도부사 위치: 조동사와 be동사 뒤 또는 일반동사 앞

always	usually	often	sometimes	seldom	never
항상	대개, 보통	종종	가끔, 때때로	좀처럼 ∼않는	결코 ∼아닌

8 My cute lizard usually eats yellow worms for breakfast.

주의
9 Sometimes she puts me in a mental breakdown.
Sometimes는 다른 빈도부사에 비해 위치가 자유로워요.

10 Swiss watches seldom break.

🔗 **11** The God emphasized "You should make it rule number one and always stick to it!"

12 During summer, the sun never goes down in the North Pole.

구문**UP** Fill in the blanks using the given words.

13 A Isn't Isabel a vegetarian?
　　B No, she _____ _____ white meat. (sometimes, eat)
　　A: Isabel은 채식주의자 아니야?　B: 응, 그녀는 가끔 흰살 고기는 먹어.

주의
14 The temperature _____ _____ below 0°C here. (seldom, drop)
　　　　　　　　　　　　　　　　　　　　zero degrees celsius라고 읽어요.
여기는 기온이 좀처럼 섭씨 0도 이하로 떨어지지 않습니다.

15 The black consumer _____ _____ _____ about the service.
(be, complain, always)
그 블랙 컨슈머는 항상 서비스에 대해 불평한다.

📑 **Vocabulary** ||||||||||||||||||||||||||||||||||||||||||||||||||||||||||||||||||||||||||||||||||||

messy 지저분한 | **suit** 정장, 양복 | **quit** 그만두다, 포기하다 | **yellow worm** 밀웜 (거머리과의 곤충의 일종) | **mental** 정신의 | **breakdown** 붕괴, 고장 | **Swiss** 스위스의, 스위스 사람 | **emphasize** 강조하다 | **stick to** ~에 집착하다, 고집하다 | **go down** (해, 달 등이) 지다 | **the North Pole** 북극 | **white meat** 흰살 고기(닭고기 같이 요리했을 때 색깔이 연한 육류) | **below** ~보다 아래 | **degree** 도 | **celsius** 섭씨 | **black consumer** 고의적으로 악성 민원을 제기하는 소비자

79

35

UNIT

원급의 비교

두 비교 대상이 정도가 같을 때 사용한다.
「as ~ as ....」의 형태이고 '…만큼 ~한'의 의미이다.

- **Skiing is as easy as riding a bike.**
  스키를 타는 것이 자전거 타는 것만큼 쉽다.

- **February is as cold as January.**
  2월이 1월만큼 춥다.

1 This lake is as deep as the ocean.

2 Aurora is as beautiful as emerald.

3 Ken must be as strong as Ryu.

4 My dad snores as loudly as my mom.

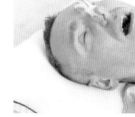

snore가 자동사이므로 loud로 쓰지 않음에 유의해야 해요.

5 We are late! You have to drive as fast as you can.

「as ~ as 주어 can」은 「as ~ as possible」로 바꿔 쓸 수 있어요.

6 This little girl knows as much as a college student!

7 His voice sounds as good as the voice actor's.

well은 형용사로 '건강한' 부사로 '잘'이란 뜻이므로, 쓰면 안돼요.

ⅲⅲⅲ Grammar ✅ Check ⅲⅲⅲⅲⅲⅲⅲⅲⅲⅲⅲⅲⅲⅲⅲⅲⅲⅲⅲⅲⅲⅲⅲ

형태	의미
as + 원급 + as...	…만큼 ~한[-히, -게]

8 This watch is as expensive as my uncle's car!

9 Are you really on my back? You are as light as a feather!

10 The Red Sea is as red as fire in the evening.

🔗 **11** "This rule is as important as not forgetting to breathe."

12 I can't climb mountains as well as I could last year.

구문**UP** **Fill in the blanks using the given words.**

13 You are _____ _____ _____ you feel. (young)
당신은 당신이 느끼는 만큼 젊습니다.

14 Does she dance _____ _____ _____ BoA? (powerfully)
그녀는 BoA만큼이나 힘있게 춤을 추니?

15 Bicycles can be _____ _____ _____ automobiles in big cities.
(fast)
자전거는 대도시에서 자동차만큼이나 빠를 수 있다.

📔 **Vocabulary**

snore 코를 골다 | voice actor 성우 | back 등 | feather 깃털 | Red Sea 홍해 | breathe 숨쉬다 | climb 등산하다 | automobile 자동차

36

UNIT

원급 비교의 부정

두 비교 대상이 정도가 같지 않음을 나타낸다.
「not + as[so] + 원급 + as ...」의 형태이고 '…만큼 ~하지 않은'이라는 의미이다.

- **A bee is not as big as a bird.**
  벌은 새만큼 크지 않다.
- **Cindy's grades are not as good as mine.**
  Cindy의 성적은 내 성적만큼 좋지는 않다.

1 I am not as diligent as Kenneth.

2 You are not so smart as Kim Jeonil is.

3 The violin's sound is not so low as the cello's.

4 Your mobile phone is not as trendy as mine.

5 Your mom isn't as strict as my mom.

6 "All the other things are not as important as this rule."

7 This bus isn't as crowded as subway line 2.

Grammar ✅ Check

형태	의미
not ~ as[so] + 원급 + as...	…만큼 ~하지 않은[않게]

8 A kangaroo doesn't sleep as much as a koala.

9 The boy band is not as successful as BigBang.

10 Japanese grammar is not as difficult as Chinese grammar.

11 In the USA, the streets are not as narrow as in the UK.

12 In Korea, it is not as hot during the summer as in Taiwan.

구문 **UP** **Fill in the blanks using the given words.**

13 Your bicycle _____ _____ _____ _____ _____ mine.
(heavy)

너의 자전거는 내것만큼 무겁지 않구나.

14 Living without money _____ _____ _____ _____ living
without love. (difficult)

돈 없이 사는 것은 사랑 없이 사는 것만큼 어렵지는 않다.

15 Mr. Lee doesn't have _____ _____ _____
Mansour does. (many)

이 씨는 Mansour만큼 많은 차를 가지고 있지 않다.

📋 **Vocabulary**

diligent 성실한 | **trendy** 최신 유행의 | **strict** 엄격한 | **crowded** 붐비는 | **subway** 지하철 | **narrow** 좁은

37

UNIT

비교급1: 규칙 변화

형용사나 부사에 '-er' 또는 'more'를 붙인 비교급에 than을 붙여 두 대상 간의 우열을 나타낸다.
「형용사/부사의 비교급 + than ~」은 '~보다 …한'의 의미이다.

- **Australia is bigger than England.**
  호주가 영국보다 더 크다.
- **Writing is more difficult than reading.**
  쓰는 것이 읽는 것보다 더 어렵다.

---

1 In fact, I am younger than you are.

2 Gold is heavier than copper.

(주의)
3 Egypt is much hotter than Sweden.
비교급 강조부사로는 much, still, even, far, a lot 등이 있어요. very를 쓰면 안 돼요.

4 Health is more important than test results.

5 His house is larger than mine, yours, and your friend's.

6 A roller coaster is more exciting than a carousel.

Grammar ✓ Check

대부분	+ -er	tall – taller	small – smaller
-e로 끝나는 경우	+ -r	large – larger	nice – nicer
'자음 + y'로 끝나는 경우	y → i + -er	busy – busier	happy – happier
'단모음 + 단자음'으로 끝나는 경우	마지막 자음 + -er	hot – hotter	fat – fatter
대부분의 2음절, 3음절 이상	**more** + 원급	famous – more famous	important – more important

7 The Pacific Ocean is deeper than the Arctic Ocean.

8 Is the Korean singer more popular in Mexico than in Korea?

9 Sometimes, silence can be louder than screaming.

10 Everyone is taller in the morning than in the evening.

🔗 **11** Jake said "You should choose a more exciting name than Andrew if you're a superhero."

12 Amy had a car accident last month. Now, she drives more carefully than before.

구문**UP**   Fill in the blanks using the given words.

13 Her necklace is _____ _____ yours. (fancy)

그녀의 목걸이가 네 것보다 더 화려하다.

14 Are metals _____ _____ _____ non-metals? (useful)

금속이 비금속보다 더 유용하나요?

15 The principal's speech is _____ _____ _____ the radio news.
(boring)

교장선생님의 연설은 라디오 뉴스보다 지루하다.

📖 **Vocabulary**

carousel 회전목마 | **the Pacific Ocean** 태평양 | **the Arctic Ocean** 북극해 | **fancy** 화려한 | **metal** 금속 | **non-metal** 비금속 |
principal 교장

38

비교급2: 불규칙 변화

'-er' 또는 'more'를 붙이는 규칙적인 형태와 그렇지 않은 불규칙적인 것들이 있다.

- **Valencia played worse than Real Madrid yesterday.**
  어제 발렌시아가 레알 마드리드보다 경기를 더 못했다.
- **I'm better now than yesterday.**
  나는 어제보다 지금이 더 낫다.

1 My work is better than yours.

2 He stayed at the cinema later than you.

3 Mr. King plays chess worse than I do.

4 The squirrel gathered more acorns than usual.

5 The subway is better than the bus to travel quickly.

6 He arrived here in less than one hour.

Grammar ✅ Check

good / well – better	bad / ill – worse
many / much – more	little – less
late(시간이 늦은) – later	late(순서가 나중인) – latter
far(거리가 먼) – farther	far(정도가 더 한) – further

7 Perhaps I have a better idea than yours.

8 Unfortunately his health got worse than before.

9 Kenshaw threw the ball farther than anyone else on the team.

10 Learning Chinese takes less time than learning English.

11 Why do female migratory birds arrive later than males?

🔗 **12** "There will be less risk of compromising your secret if you have a new name and a new costume."

구문UP **Fill in the blanks using the given words.**

13 Seoyeon eats _____ _____ I do. (little)
서연은 나보다 더 적게 먹는다.

14 They had to travel _____ _____ they planned. (far)
그들은 계획했던 것보다 더 멀리 여행해야 했다.

15 The situation will become _____ _____ you can imagine. (bad)
그 상황은 네가 상상하는 것보다 더 나빠질 것이다.

📧 **Vocabulary** ....

work 작품 | **squirrel** 다람쥐 | **acorn** 도토리 | **migratory** 이주하는 | **risk** 위험 | **compromise** 위태롭게 하다, 타협하다 | **situation** 상황

39

Which[Who] is + 비교급, A or B?

선택 비교급으로 둘 중에서 하나를 고를 때 쓰는 표현이다. 'A와 B중에 누가(어느 것이) 더 ~하니?'라는 의미이다.

UNIT

● **Which do you like better, spring or fall?**
봄과 가을 중에 어느 것을 더 좋아하니?

1   Who is stronger, Josh or John?

2   Which is better, contacts or glasses?

3   Whose car is faster, his or yours?

4   Who got up earlier, you or your brother?

5   Who is a more talented singer, him or me?

6   Who was happier, the hare or the tortoise?

🔗 7   "Which is better, Lightningman or Flashman?"

8   Who do you want to see more, Michael or Jackson?

9 Which notebooks are yours, the left ones or the right ones?

10 Whom did she spend more time with, Charlie or Jason?

11 Which machine makes less noise, this one or that one?

12 Whose sons are more diligent, Anna's or Juliette's?

구문**UP** **Fill in the blanks using the given words.**

13 Who is _____, your mom _____ dad? (tall)
너의 엄마와 아빠 중 누가 더 크시니?

14 Which book is _____ _____, Harry Potter _____ your English textbook? (interesting)
Harry Potter와 네 영어 교과서 중 어떤 것이 더 재미있니?

15 Which is _____ _____, lying on your back _____ lying face down? (comfortable)
눕는 것과 엎드리는 것 중 어느 것이 더 편할까?

📑 **Vocabulary** |||||||||||||||||||||||||||||||||||||||||||||||||||||||||||||||||||||||||||||||||||||||||

talented 재능 있는 | **hare** 산토끼 | **tortoise** 거북 | **machine** 기계 | **noise** 소음 | **comfortable** 편안한 | **lie** 눕다(-lay-lain)

UNIT 40

감각동사 + 형용사

감각동사[look, feel, sound, smell, taste] 뒤에는 형용사가 나오며 '~처럼[하게] …하다'로 해석한다. 부사를 쓰면 안 됨에 유의한다.

• **The little girl looked happy.**
그 어린 소녀는 행복해 보였다.

• **Your story sounds strange.**
네 이야기는 이상하게 들린다.

1 I feel good, so good.

2 You look sad. Are you ok?
'슬프게'라고 해서 부사인 sadly를 쓰면 안 돼요.

3 Mommy! Today's breakfast tastes very good.

4 Doesn't this song sound familiar?

5 This silk scarf feels smooth.
'부드럽게'라고 해서 부사인 smoothly라고 쓰면 안 돼요.

6 "Flashman sounds catchy!" Andrew answered.

Grammar ✓ Check

look	~하게 보이다	
feel	~하게 느껴지다	
sound	~하게 들린다	+ 형용사
smell	~한 냄새가 나다	
taste	~한 맛이 나다	

* 감각동사 + like 다음에는 명사가 와요.

7 The cat looks so lovely.
-ly로 끝났지만 형용사예요. eg) manly, friendly, lively, lonely

8 The noodles smelled very bad and I couldn't eat them.

9 That dog looks as tall as a horse.

10 You know what? I just said hello to a stranger. He looked like you.
look like 다음에는 명사가 와요.

11 The river under the bridge smells worse in the summer.

12 A Hey, witch. What are you smelling?
B Hmm... It smells like teen spirit.

구문UP Fill in the blanks using the given words.

13 You _____ so _____ to say so. (romantic)
그렇게 말하다니 너는 매우 로맨틱한 것처럼 들린다.

14 Is this really strawberry juice? It _____ _____.
(raspberry)
「like+명사」로 형용사 역할을 할 수 있어요.
이거 정말 딸기 주스예요? 라즈베리같은 맛이 나네요.

15 Without any curves, this bike road _____ _____. (boring)
굽은 길도 하나 없어서, 이 자전거 길은 지루하게 느껴진다.

💬 **Vocabulary**

familiar 친숙한 | **catchy** 재미있고 외우기 쉬운 | **stranger** 낯선 사람 | **witch** 마녀 | **spirit** 영혼 | **curve** 굽은 곳

41

수여동사1 : 4형식 형태

「수여동사 + 간접목적어(사람) + 직접목적어(사물)」의 형태로 '～에게 …를 해주다'로 해석된다.

- **Ivan gave Sally a wedding ring.**
  Ivan이 Sally에게 결혼 반지를 주었다.
- **Jenny showed me her new camera.**
  Jenny는 내게 그녀의 새 카메라를 보여주었다.

1 Dan, I made you some cookies.

2 Haruki doesn't write me love letters anymore.

3 Did a ninja teach you karate?

4 She didn't show the policeman her driver's license.

5 The prince built the princess a cute castle.

6 Jon, I lost my glasses. Will you read me the newspaper?

Grammar ✅ Check

	주어	수여동사	간접목적어	직접목적어	수여동사
해석	～은/는/이/가	～하다	～에게	～을/를	
예문	I	showed	him	a picture.	give, bring, lend, send, sell, show, teach, make, buy, cook, get, find, ask, read, build 등
		made		spaghetti	
		asked		hard questions.	

7 The God said, "I will give you the name of Flashman."

8 They got me a wallet, but I didn't like it.

9 He sent the little girl a Barbie doll as a reward.

10 Friends buy you food. Best friends eat your food.

11 Susan B. Anthony brought American women the right to vote.

12 Great students ask their teachers the most basic questions.

구문UP **Rearrange the given words to make a sentence.**

13 The referee _____ _____ _____.
(her, a warning, gave)
심판은 그녀에게 경고를 했다.

14 Ashley _____ _____ _____.
(roast beef, cooked, her husband)
Ashley는 그녀의 남편에게 로스트 비프를 요리해 주었다.

15 The old man _____ _____ _____ _____ on sunny days.
(umbrellas, doesn't, passersby, sell)
그 노인은 맑은 날에 행인들에게 우산을 팔지 않는다.

📮 **Vocabulary** ⫾⫾

driver's license 운전 면허증 | **castle** 성 | **referee** 심판 | **warning** 경고 | **passerby** 행인

42

수여동사2: 3형식 전환 형태

수여동사는 3형식 문장으로 바꿀 수 있다. 「주어 + 동사 + 직접목적어 + to/for/of + 간접목적어」의 형태이다.

- **Cindy sent a thank-you note to Brian.**
  Cindy는 감사쪽지를 Brian에게 보냈다.
- **I will make a card for my parents.**
  나는 부모님께 카드를 만들어 드릴 것이다.

1 He gave a beautiful hairpin to her.

2 Tarzan made some clothes for Jane.

3 Brian cooked ramen for his mom.

4 Can I ask a favor of you?

5 Jennifer finally **gave it to me.**

직접목적어가 대명사인 gave me it으로 쓰지 않음에 유의해야 해요!

6 Yeonseo makes *gimbap* for elderly people.

Grammar ✓ Check

4형식	I	showed	him	a picture.			나는 그에게 어떤 사진을 보여준다.
		made		spaghetti.			나는 그를 위해 스파게티를 만들었다.
		asked		hard questions.			나는 그에게 어려운 질문들을 물어보았다.

3형식	I	showed	a picture	to	'~에게'라는 의미가 자연스러우면 'to' 삽입	him.	to를 사용하는 동사 give, bring, lend, send, sell, show, teach 등
		made	spaghetti	for	'~를 위해'라는 의미가 자연스러우면 'for' 삽입		for를 사용하는 동사 make, buy, cook, get, find 등
		asked	hard questions	of	동사가 'ask'일 때에는 'of' 삽입		of를 사용하는 동사 ask 등
비고	변화없음	변화없음	4형식의 직접목적어		동사 별로 전치사 삽입		4형식의 간접목적어

7 Can you please pass the soy sauce to me?

8 "And I brought this strong Flashman suit to you."

9 You don't have to buy a bottle of water for me.

10 The satellite sent a strange signal to the base.

11 I lent the book to him for his midterm exam.

12 Girl 1 Thomas brought a rose to me yesterday.

brought는 buy가 아닌 bring의 과거로 for를 쓰지 않아요.

Girl 2 He gave a bunch of roses to me.

구문UP **Rearrange the given words to make a sentence.**

13 The girl _____ _____ _____ _____ _____.

(me, trophy, showed, her, to)

그 소녀는 그녀의 트로피를 나에게 보여주었다.

14 My brother is _____ _____ _____ _____ _____.

(the kids, for, a playhouse, building)

내 남동생은 아이들을 위해 장난감 집을 짓고 있다.

15 Stupid students don't _____ _____ _____ _____.

(of, any questions, their teachers, ask)

어리석은 학생들은 그들의 선생님들께 어떠한 질문도 하지 않는다.

📑 **Vocabulary**

thank-you note 감사 쪽지 | **elderly** 나이든 | **soy sauce** 간장 | **midterm exam** 중간고사 | **satellite** 위성 | **a bunch of** 한 다발의 | **trophy** 트로피 | **playhouse** 장난감 집 | **stupid** 어리석은

43

5형식 동사(make) + 목적어 + 명사/형용사

「주어 + 동사 + 목적어 + 보어[명사/형용사]」의 형태로, '주어는 목적어를 보어로[하게] 하다'로 해석한다.

- **Simon will make the world a better place.**
  Simon은 세상을 더 좋은 곳으로 만들 것이다.

- **His love makes Cindy happy.**
  그의 사랑은 Cindy를 행복하게 한다.

1 What made you upset?

2 She made her son a dentist.

3 Education makes people wise.

4 The moment made him more awkward.

5 The smell of the food makes us hungry.

6 Your touching story made me happy.

7 "Now, I will make myself invisible and watch over you."

8 The cook always makes his guests happy.

cook이 명사로 쓰이면 '요리사'이고 cooker는 '요리도구'를 의미해요.

9 The gunshots made the refugees nervous.

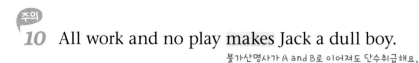

10 All work and no play makes Jack a dull boy.
불가산명사가 A and B로 이어져도 단수취급해요.

11 Nancy came in second place. It'll make her mom disappointed.

12 The unexpected quiz will make the students blank.

구문UP **Fill in the blanks using the given words.**

13 (sobbing) The world _____ _____ _____ _____.
(make, a, me, loser)
(훌쩍거리며) 세상은 나를 패배자로 만들었어.

14 Trust me. I will _____ _____ _____ among teens.
(make, famous, you)
날 믿어. 나는 너를 십대들 사이에서 유명하게 만들 거야.

15 The difficulties _____ _____ _____ _____ _____
and inventive. (very, the, boys, strong)
그 어려움들은 그 소년들을 매우 강하고 창의적으로 만들어주었다.

📋 **Vocabulary**

upset 속상한, 마음이 상한 | wise 현명한 | moment 순간 | awkward 어색한 | touching 감동적인 | invisible 눈에 보이지 않는 | watch over 돌보다 | gunshot 총소리 | refugee 피난민 | nervous 불안한 | disappointed 실망한 | unexpected 예기치 않은 | blank 멍한 | sob 훌쩍거리다 | loser 패배자 | trust 믿다 | inventive 창의적인

꼬리에 꼬리를 무는 문장 ❸

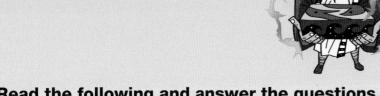

영웅이 되기 위해서는 지켜야 할 규칙들이 있지. Andrew는 어떤 규칙을 지켜야 하는지 함께 알아보도록 하지. 그리고 이건 Andrew의 빠른 속도를 견딜 수 있는 내가 주는 선물이야.

앞서 학습한 유닛에서 표시된 🔗 문장을 이으면
멋진 슈퍼 히어로 Andrew의 이야기가 펼쳐집니다!

Read the following and answer the questions.

Andrew and Jake decided to keep this secret and answered "Yes!"[29]

Andrew said, "I will ⓐ **be careful about** how to use my powers."[30] The God of Inner Power said, "Andrew, [**remember, will, to, you, important, tell, something, I**].[31] After running for ten minutes, you have to stop for one minute to prevent a heart attack."[32] "Don't worry. Running for more than ten minutes ⓑ **at a time** is ___(A)___ for me." Andrew answered.[33] The God emphasized "You should make it rule number one, and always ⓒ **stick to** it![34] This rule is as important as not forgetting to breathe.[35] All the other things are not as important as this rule."[36]

Jake said "You should choose an exciting name than Andrew if you're a superhero.[37] There will be less risk of compromising your secret if you have a new name and a new costume.[38] Which is better, Lightningman or Flashman?"[39] "Flashman ⓓ **sounds catchy**!" Andrew answered.[40] The God said, "I will give you the name of Flashman.[41] And I brought this strong Flashman suit to you.[42] Now, I will make myself invisible and ⓔ **watch over you**."[43]

* 구문 활용 독해문장 뒤의 번호는 해당 문장이 삽입되어 있는 유닛입니다.

1 Which of the following does not match?

ⓐ ～에 대해 주의하다   ⓑ 한번에

ⓒ ～에 집착하다   ⓓ 재미있게 들리다

ⓔ 위를 보다

2 Which is the best word for the blank (A)?

① fantastic   ② dangerous

③ important   ④ interesting

⑤ impossible

3 Rearrange the given words in correct order.

기억해야 할 중요한 것을 말해주마.

[remember, will, to, you, important, tell, something, I].

Vocabulary

be careful about ～에 대해 주의하다 | **prevent** 예방하다 | **heart attack** 심장마비 | **at a time** 한번에 | **impossible** 불가능한 | **emphasize** 강조하다 | **stick to** ～에 집착하다, 고집하다 | **breath** 숨쉬다 | **compromise** 위태롭게 하다, 타협하다 | **costume** 옷, 복장 | **flash** 섬광, 번뜩임 | **catchy** 재미있고, 외우기 쉬운 | **invisible** 눈에 보이지 않는 | **watch over** 돌보다

44

UNIT

시간을 나타내는 전치사

전치사란 명사나 대명사 앞에 놓여 명사나 대명사와의 관계를 나타내는 것이다. 시간을 나타낼 때에는 at(~에), during(~동안), after(~ 후)와 같은 시간 전치사를 사용한다.

- **I get up at 6 in the morning.**
  난 아침 6시에 일어난다.

- **Jina takes violin lessons on Saturdays.**
  진아는 토요일마다 바이올린 수업을 듣는다.

---

1 My birthday is in February.

2 The garbage truck comes on Wednesdays.

3 Sandra will come back before sunset.

4 They stayed indoors during the storm.

during은 when에 대한 답이고 for는 how long에 대한 답이예요.

5 A Cathy, you are late again.
   B No, I got here at 9:00 a.m.

6 General Hwang waited here for 1,000 years for her.

7 The British and Irish quarrelled for seven centuries.

> 참고 **Months of the Year**
> 1월 January (Jan.)
> 2월 February (Feb.)
> 3월 March (Mar.)
> 4월 April (Apr.)
> 5월 May (May)
> 6월 June (Jun.)
> 7월 July (Jul.)
> 8월 August (Aug.)
> 9월 September (Sep.)
> 10월 October (Oct.)
> 11월 November (Nov.)
> 12월 December (Dec.)

Grammar ✓ Check

전치사	해석	의미 및 용법
at	~에	시각, 정오, 일출, 일몰과 같은 때의 한 시점
in	~에	월, 연도, 계절, 오전, 오후
on	~에	날짜, 요일, 특정한 날

전치사	해석	의미 및 용법
before	~ 전에	특정한 때 전
after	~ 후에	특정한 때 후
for	~ 동안	수사, 시간명사(시간, 날, 주, 달, 연도)와 함께 씀
during	~ 동안	사건, 특정한 시간과 함께 씀

8 A When will the musical start?

B The show will start at 7:00 p.m.

9 At that moment, The God of Inner Power disappeared!

10 Doctor What's wrong with you?

Patient I have insomnia. I always stay up until dawn.

11 The Watson family hurried to church in the morning.

12 Sebin will learn Samba in Brazil during summer vacation.

구문UP **Fill in the blanks with the proper prepositions(전치사).**

13 A When is the camping trip?

B It is _____ next Friday.

A: 캠핑여행이 언제지?   B: 다음 주 금요일이야.

14 The next morning, I woke up _____ 5 a.m. to see the sunrise.

다음날 아침 나는 일출을 보기 위해 오전 5시에 일어났다.

15 He usually goes to bed _____ taking a shower.

그는 보통 샤워 후에 자러 간다.

📣 **Vocabulary**

sunset 일몰, 해질녘 | **indoors** 실내 | **storm** 폭풍, 폭풍우 | **general** 장군 | **quarrel** 다투다 | **disappear** 사라지다 | **insomnia** 불면증 |
dawn 새벽 | **hurry** 서둘러 가다

UNIT

장소·위치를 나타내는 전치사

전치사란 명사나 대명사 앞에 놓여 명사나 대명사와의 관계를 나타내는 것이다. 장소나 위치의 관계를
나타낼 때에는 in(~ 안에), on(~ 위에), near(~ 근처에)와 같은 장소·위치 전치사를 사용한다.

- **Peter is waiting for a bus at the bus stop.**
  Peter는 버스 정류장에서 버스를 기다리고 있는 중이다.

- **Do you like walking in the garden?**
  너는 정원에서 걷는 것을 좋아하니?

- **She's painting the fountain in front of the building.**
  그녀는 그 건물 앞에 있는 분수를 그리고 있는 중이다.

- **Cindy likes the café next to the bakery.**
  Cindy는 그 빵집 옆에 있는 카페를 좋아한다.

1　I get off at this stop.

2　The clock on the wall is slow.
　　　　　　on은 기본적으로 '표면 위에'라는 뜻으로 벽이나 천장에도 on을 써요.

3　A Where is your car?　B It is in the garage.

4　The boat went under the bridge.

5　Ann stood behind a tall guy in a long line.

6　She was singing *The Boy Is Mine* next to me.

7　Dad　I put up a sunbrella over the table.
　　Son　Good job! We won't get so hot.

8　The most helpful friend is always near you.

9　I just picked up these coins by the vending machine!

10　A deer is lying in front of a lion.

11　This is just between you and me. Don't tell anybody.

12　Lovely bluebirds were singing above my head.

13　This painting stands out among the entries.

14　There is a water tank beneath the floor.

15　Lots of people gathered around the scene of the accident.

🔗 16　A voice came from the sky, "Don't worry. I'm still with you. Keep going on the adventures in front of you."

📝 Vocabulary

fountain 분수 | bakery 빵집 | garage 차고 | sunbrella 빛을 가리기 위해 사용하는 파라솔 | helpful 도움이 되는, 유용한 | pick up 줍다 |
coin 동전 | vending machine 자동판매기 | between you and me 우리끼리의 이야기 | lovely 사랑스러운 | stand out 돋보이다 |
entry 출품작 | gather 모이다 | scene 현장, 장면 | accident 사고 | adventure 모험

17 Rachel saw a spider _____ the ceiling.
Rachel은 천장에 있는 거미 한 마리를 보았다.

18 The missing doll was _____ the table.
잃어버린 인형은 테이블 밑에 있었다.

19 At a wedding, the bride stands _____ _____ the groom.
결혼식에서 신부는 신랑 옆에 선다.

20 Teenagers squeeze their pimples _____ _____ _____ a mirror.
십대들은 거울 앞에서 그들의 여드름을 짠다.

Grammar ⊘ Check

전치사	해석	의미 및 용법	전치사	해석	의미 및 용법
at	～에	비교적 좁은 장소	under	～ 밑에	수직으로 바로 밑
in	～에	비교적 넓은 장소	near	～ 근처에	
on	～ 위에	접촉되어 있을 경우	by	～ 옆에	= next to = beside
over	～ 위에	수직으로 바로 위	behind	～ 뒤에	
beneath	～ 바로 아래	= underneath 붙어서 아래에 있는 경우	between	～ 사이에	보통 두 개의 개체 사이
in front of	～ 앞에		among	～ 사이에	보통 셋 이상의 개체 사이
above	～ 위에	떨어져서 위에 있는 경우	around	～ 주위에	

참고 그림으로 보는 전치사

Vocabulary

ceiling 천장 | **missing** 잃어버린 | **bride** 신부 | **groom** 신랑 | **teenager** 청소년 | **pimple** 여드름

46

방향을 나타내는 전치사

전치사란 명사나 대명사 앞에 놓여 명사나 대명사와의 관계를 나타내는 것이다. 방향을 나타낼 때에는 from(~ 부터), to(~까지), for(~을 향해)와 같은 방향의 전치사를 사용한다.

• How far is it from Seoul to Busan?
서울에서 부산까지 얼마나 머니?

1 This train came from Barcelona.

2 Some heavy fog moved into the city.

3 Vincent goes to the cathedral every Saturday.

4 Vivian is going up the escalator.

5 We have to walk up a lot of stairs to get to the temple.

6 Then, a fire alarm suddenly rang from the gym.

7 A Hey, Rachel! Where are you going?
B I'm going to the last dungeon.

예정을 나타내는 be going to 가 아닌 것에 주의하세요.

Grammar ✔ Check

전치사	해석	의미 및 용법	전치사	해석	의미 및 용법
from	~로부터	출발점	to	~로	목적지
for	~방향으로	(~행인)	out of	~의 밖으로	
up	~의 위로		into	~의 안으로	

8 The fire will spread here soon. We have to get out of here immediately!

9 James came into the coffee shop to avoid the pouring rain.

10 Actually, going down a mountain is more dangerous than going up one.

11 The train for City Hall is now approaching. Please wait behind the yellow line.

12 That horse must be tired. He is coming from the Far Far Away Kingdom.

구문UP Fill in the blanks with the proper prepositions(전치사).

13 You can see the bridge _____ the airport.
당신은 공항에서 그 다리를 볼 수 있습니다.

14 He climbed _____ the highest mountain in the country.
그는 그 나라에서 가장 높은 산을 올라갔다.

15 Mary and her husband will move _____ a new house in Jeonju.
Mary와 그녀의 남편은 전주에 있는 새 집으로 이사할 것이다.

📋 **Vocabulary** ||||||||||||||||||||||||||||||||||||||||||||||||||||||||||||||||||||||||||||||||||||||||

fog 안개 | cathedral 성당 | escalator 에스컬레이터 | temple 사원 | suddenly 갑자기 | ring 울리다 | gym 체육관 | dungeon (용이
나올 것 같은 성의) 지하 감옥, (게임의) 던전 | spread 퍼지다 | immediately 즉시 | approach 접근하다 | far away 머나먼 | kingdom 왕국

UNIT

and/but/or/so

의미상 대등한 단어, 구, 절을 연결한다.

- **We ate potato chips and hamburgers.**
  우리는 포테이토칩과 햄버거를 먹었다.
- **The T-shirt was very expensive, but I bought it.**
  그 티셔츠는 매우 비싸지만, 난 그것을 샀다.

1 I am okay and not okay.

2 Are these answers right or wrong?

3 Teacher Your son is diligent, but not smart.

주의
4 Raymond is funny, so everybody loves him.
　　　　　　　　　　　　everybody는 '모든 사람들'이지만 단수취급해요.

5 We can go to the beach or to the mountain. Both are fine.

6 Men never remember, but women never forget.

Grammar ✓ Check

등위접속사	뜻	연결할 수 있는 것		
		단어와 단어	구와 구	절과 절
and	그리고	○	○	○
but	그러나	○	×	○
or	또는, 혹은	○	○	○
so	그래서	×	×	○

7   I like sugar in my tea, but I don't like milk in it.

8   **A**   I ran with amazing speed, but I missed the bus!

       B   Sorry to hear that.

That's a pity. What a pity! That's too bad.등으로도 쓸 수 있어요.

9   His secret weapon was big, so only giants could hold it.

10   God couldn't be everywhere, so he created mothers. – Jewish Proverb

11   A huge smoke cloud was rising, and the students inside were screaming.

12   The kids painted pictures, played games, and had a water fight.

A, B and C에서 시제를 맞춰서 쓰는데 이를 병렬구조라고 해요.

구문UP   **Fill in the blanks with proper conjunctions(접속사).**

13   He works quickly _____ accurately.

그는 빠르고 정확하게 일한다.

14   My job is to clean the table _____ wash the dishes.

내 일은 테이블을 치우거나 설거지를 하는 것이다.

15   Keith has a terrible toothache _____ he doesn't want to see a dentist.

Keith는 심각한 치통이 있지만, 그는 치과에 가고 싶지 않아 한다.

📝 **Vocabulary**

expensive 비싼 | **diligent** 성실한 | **funny** 재미있는, 웃긴 | **amazing** 굉장한, 놀라운 | **weapon** 무기 | **giant** 거인 | **smoke** 연기 |
scream 비명을 지르다 | **accurately** 정확하게 | **toothache** 치통

48

because vs. because of

because는 '~ 때문에'라는 이유를 의미하는 부사절 접속사이고, because of는 의미는 같지만
전치사이다.

- **I can't help you now because I'm too busy.**
  난 너무 바빠서 지금 너를 도울 수 없다.

- **Sorry! I am late because of the traffic.**
  미안해! 교통이 막혀서 늦었어.

1 I'm sick because of the flu.

2 We are happy because we are together.

3 Samuel couldn't run fast because of his old age.

4 Cathy doesn't like dogs because she has allergies.

5 I lost the game because of the pain in my ankle.

6 They had to stop working because of the heavy storm.

7 Mom Did you enjoy your trip?
   Son No, we didn't because the weather was awful.

Grammar ⊘ Check

구분	종류	뒤에 나오는 것
because	종속접속사	주어 + 동사
because of	전치사	단어나 구

8 The restaurant closed down because of the recession.

9 We couldn't sleep well because of the record-breaking heat.

10 Nowadays, teenagers become obese because they prefer fast food.

11 Mr. McCartney took lots of pictures of his wife because he loved her smile.

🔗 12 Because the fire was burning right in front of the door, the students were not able to escape.

구문UP Fill in the blanks with *because* or *because of.*

13 She loves chocolate _____ it's sweet.
그녀는 달기 때문에 초콜릿을 좋아한다.

14 Marthe didn't invite Peter _____ he was rude.
Peter가 무례했기 때문에 Marthe는 그를 초대하지 않았다.

15 I can't understand Ahmed's words _____ his weird accent.
나는 Ahmed의 이상한 억양 때문에 그의 말을 이해할 수 없어.

📝 **Vocabulary**

flu 독감 | allergy 알레르기 | pain 통증 | awful 끔직한 | recession 경기 불황 | record-breaking 기록적인 | heat 열기 | nowadays 요즘에 | obese 비만인 | prefer 선호하다 | burn 타다 | escape 탈출하다 | invite 초대하다 | rude 무례한 | weird 이상한 | accent 억양

before / after

부사절 접속사로 before는 '~ 전에'이고 after는 '~ 후에'이다.

- **Think carefully before you act.**
  행동하기 전에 주의 깊게 생각하라.

- **It will be sunny after the sun rises.**
  해가 뜬 후에 날씨가 화창해질 것이다.

UNIT

1   I wash my face before I brush my teeth.

2   Will you tell me after you finish thinking?

         after나 before같은 접속사를 사용하는 시간부사절에서는 현재시제가 미래를 대신해요.

3   I'll text you after I arrive in Rio de Janeiro.

4   After I drank coffee, my headache stopped.

5   Before Peggy has dinner, she always feeds her dog.

6   My dad always comes home after the sun sets.

7   After I read your e-mail, I'll write you back.

Grammar ✅ Check

종속접속사	뜻	뒤에 나오는 것
before	~ 전에	주어 + 동사 ~
after	~ 후에	

*before, after는 전치사로도 사용됩니다.

8 I'd like to stop by a restroom before we hit the road.

9 After you get married, reality comes before romance.

10 You should turn the lights off before you leave the room.

🔗 11 People around the gym tried to remove the flammable pieces of wood before the door collapsed.

12 A Someone posted spam on your Facebook.
   B Really? I should delete it before anyone sees it.

구문UP Fill in the blanks with *before* or *after*.

13 Gyuro loves to exercise hard _____ he has a meal.
규로는 식사하기 전에 심하게 운동을 하는 것을 좋아한다.

14 She arrived _____ everybody went home.
그녀는 모두가 집에 간 후에 도착했다.

15 _____ you enter someone's house in Korea, you have to take off your shoes.
한국에서 누군가의 집에 들어가기 전에, 당신은 신발을 벗어야만 합니다.

📝 Vocabulary

carefully 주의깊게 | headache 두통 | feed 먹이를 주다 | stop by ~에 들르다 | hit the road 출발하다, 길을 나서다 | get married 결혼하다 | reality 현실 | romance 낭만 | flammable 가연성의, 불에 잘 타는 | collapse 붕괴하다, 무너지다 | post 게시하다

UNIT

when

부사절 접속사로 '~할 때, ~하면'라는 의미이다.

- **When I was young, I wanted to be a singer.**
  난 어렸을 때, 가수가 되고 싶었다.
- **When I have free time, I will visit you.**
  한가할 때, 방문할게.

1   I will be a scientist when I grow up.

2   When Mia feels stressed, she eats a lot.

3   Police   Where were you when your neighbor screamed?

4   When the firemen arrive, they'll save the victims.

5   I had many problems when I was in the sixth grade.

6   When I get older, I will go back to my hometown.

7   We were eating dinner when the volcano erupted.

Grammar ✓ Check

종속접속사	뜻	뒤에 나오는 것
When	~할 때, ~하면	주어 + 동사 ~

8 When Karen visited her grandmother, she was playing cards.

9 Don't forget to visit Santa Claus Village when you go to Finland.

10 A I couldn't believe my eyes when I saw snow in June.
   B It's common in Australia.

11 When the fire spread faster than they could remove the wood, they couldn't help giving up hope.

12 A Alfredo speaks Chinese fluently, right?
   B Yes, his family moved to China when he was born.

구문 **UP** **Fill in the blanks using *when* and the given words.**

13 _____ Andy _____ _____, his friends cried a lot. (move away)
Andy가 이사 갔을 때, 그의 친구들은 많이 울었다.

14 I can't stop thinking of you _____ I _____ *naengmyeon*. (have)
내가 냉면을 먹을 때 네 생각하는 것을 멈출 수가 없어.

15 _____ I _____ really lonely, you were the only person beside me.
(be)
제가 정말 외로웠을 때, 당신은 제 옆에 있었던 유일한 사람이었습니다.

💬 **Vocabulary**

grow up 성장하다 | **stressed** 스트레스를 받는 | **scream** 비명을 지르다 | **fireman** 소방관 | **victim** 희생자 | **volcano** 화산 | **erupt** (화산이)
분출하다 | **common** 흔한 | **spread** 번지다 | **remove** 제거하다 | **give up hope** 절망하다 | **fluently** 유창하게 | **lonely** 외로운, 고독한 |
beside ~의 옆에

115

51

UNIT

비인칭 주어 it
날씨, 날짜, 거리, 시간, 요일, 계절, 상황 등을 나타낼 때 사용하며 해석은 하지 않는다.

A **What time is it now?**
B **It is 8:45.**

A: 지금 몇 시니? B: 8시 45분이야.

A **How far is it from here to the shop?**
B **It's about ten kilometers.**

A: 여기서 그 가게까지 얼마나 머니? B: 약 10km야.

1 Beware! It is Friday the thirteenth, today.

2 It's already September.

3 When it rains, it pours.

4 A How long does it take from Boston to New York?
 B It takes about four hours by car.

5 A Mom, when is Grandma's birthday?
 B Oh my gosh... It was yesterday!

6 A It's definitely summer.
 B Yeah, I can see some sweat on your forehead.

7 It's pouring outside, but the parcel arrived on time.

8 (on the phone) Are you coming home? It's getting dark outside.

 9 It was too late to call the fire department.

10 It won't be long now. We are just two kilometers from our destination.

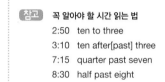

참고 꼭 알아야 할 시간 읽는 법
2:50	ten to three
3:10	ten after[past] three
7:15	quarter past seven
8:30	half past eight

주의
11 A **Do you have the time?** B It's a quarter to seven.
Do you have time?(시간 있니?)라는 표현과 구분해야 해요.

12 It will rain tomorrow, so I won't take my scooter to school.

구문**UP** **Fill in the blanks using the given words.**

주의
13 A **What day** _____ _____? B It's already Thursday. (be)
What date is it?(오늘 며칠이니?)와 구분해야 해요.
A: 오늘 무슨 요일이니?   B: 벌써 목요일이야.

14 _____ _____ still _____ outside when I left the office.
(be, bright)
내가 사무실을 떠났을 때는 밖은 여전히 밝았다.

15 _____ _____ 633 kilometers from Incheon to Busan by bicycle.
(be)
인천에서 부산까지 자전거로 633km이다.

📑 **Vocabulary**

beware 조심하다 | **from A to B** A에서 B까지 | **Oh my gosh** 오 이런 | **definitely** 확실히 | **sweat** 땀 | **forehead** 이마 | **parcel** 택배, 소포 | **quarter** 1/4 | **scooter** 스쿠터 | **bright** 밝은

52

U N I T

There is[are] ～ 구문

「There is[are] + 주어 ～.」는 '～가 있다'라는 표현으로 주어가 단수면 is, 복수면 are를 쓴다.

- **There is milk in the refrigerator.**
  냉장고에 우유가 있다.

- **There are famous sights to see in Seoul.**
  서울에는 볼만한 명소들이 있다.

1 There is something to show you.

2 Are you a centipede? There are so many shoes here!

3 There will be a serious meeting in the afternoon.

4 There is nothing to be afraid of.

5 Fortunately, there is our brand new superhero, Flashman.

6 There are three small cavities in your mouth.

7 There is a girl with a shining sword on the hill.

Grammar ⊘ Check

시제	현재	과거	미래	
단수	There is + 단수주어 ～.	There was + 단수주어 ～.	There will be +	단수주어 ～.
복수	There are + 복수주어 ～.	There were + 복수주어 ～.		복수주어 ～.

8 There was a legendary evil dragon in this village.

9 There is a big car in front of our gate. It is bothersome.

10 Look! There are two little green men and a flying saucer there!

11 Yesterday there was the semifinal match, and there will be the final tomorrow.

12 A Please tell me a fairy tale.
　　B Once there was a princess. One day, a prince came to her. They lived happily ever after.

구문UP Fill in the blanks using the given words.

13 Help! _____ _____ a snake underneath my shoe! (be)
도와주세요! 제 신발 바로 밑에 뱀이 있어요!

14 _____ _____ a police car behind us. (be)
우리 뒤에 경찰차가 있었어요.

15 _____ _____ potatoes, olives, and carrots on the chopping board. (be)
도마 위에 감자, 올리브, 당근들이 있다.

💬 **Vocabulary**

refrigerator 냉장고 | famous sight 명소 | centipede 지네 | serious 심각한, 진지한 | fortunately 다행히도 | cavity 충치 | shine 빛나다 | sword 검 | hill 언덕 | legendary 전설의 | evil 악한, 악의 | village 마을 | gate 문 | bothersome 성가신 | semifinal 준결승 | final 결승전 | fairy tale 동화 | ever after 그 후로 영원히 | snake 뱀 | behind ~뒤에 | chopping board 도마

53

There is[are] not ~

There is[are] ~ 구문의 부정문은 「There is[are] + not + 주어 ~」로 나타낸다.

- **There is not a computer in my room.**
  내 방에는 컴퓨터가 없다.

- **There are not many people at the airport.**
  공항에 사람들이 많이 없다.

1 There isn't **much** to say.

much는 원래 '많은'이라는 뜻의 부사이지만 '많음'이라는 대명사로 쓰이기도 해요.

2 There aren't couples in the library today.

3 There is no free lunch.

「no+명사」로 not보다 더 강한 부정을 나타내기도 해요.

4 There are not many extended families these days.

5 There aren't any secrets between me and my friend.

6 There are not any interesting places near my house.

7 There aren't my favorite sneakers in the shop.

Grammar ✓ Check

	현재	과거	미래	
단수	There is not[isn't] + 단수주어 ~.	There was not[wasn't] + 단수주어 ~.	There will not[won't] be +	단수주어 ~.
복수	There are not[aren't] + 복수주어 ~.	There were not[weren't] + 복수주어 ~.		복수주어 ~.

8 There aren't many followers of my Instagram.

9 There wasn't any other way to save the students in time.

10 There aren't any supporters of the new policy.

11 There will not be another chance to buy this digital camera.

주의
12 My twin sister takes it all. There is nothing for me here in this world.

nothing에도 부정의 의미가 있어요.

구문 UP **Fill in the blanks using the given words.**

13 _____ _____ anybody in this airplane except me. (be)

이 비행기 안에는 나를 제외하고는 아무도 없다.

14 _____ _____ any seats for us in the subway. (be)

지하철에는 우리가 앉을 자리가 없었다.

15 _____ _____ _____ many people on the street on New Year's
Day morning. (will, be)

새해 첫 날 아침에 길거리에는 많은 사람들이 있지 않을 것이다.

📝 **Vocabulary** ||||||||||||||||||||||||||||||||||||||||||||||||||||||||||||||||||||||||||||||||||||||||||||||||

airport 공항 | **extended family** 대가족 | **save** 구하다 | **supporter** 지지자 | **policy** 정책 | **except** ~을 제외하고는

54

UNIT

Is[Are] there ~?

There is[are] ~ 구문의 의문문은 「Is[Are] + there + 주어 ~?」로 나타낸다.

- **Is there a middle school near here?**
  이 근처에 중학교가 있니?

- **Are there many lions in the zoo?**
  그 동물원에 사자들이 많이 있니?

1　Is there any problem, officer?

2　Was there life on Mars?

3　Will there be many shooting stars tonight?

4　A How many students are there in your class?
　 B There are twenty-six.

5　(rustle, rustle) Is there anyone up there?

6　A Is there a well in your garden?　B No, there isn't.

7　How many pages are there in this book?

Grammar ⊘ Check

	현재	과거	미래	
단수	Is there + 단수주어 ~?	Was there + 단수주어 ~?	Will there be +	단수주어 ~?
복수	Are there + 복수주어 ~?	Were there + 복수주어 ~?		복수주어 ~?

8 Is there an end to this endless homework?

9 Is there any room for three on October 17th?

10 Your room is like a trash bin. Isn't there anything to throw out?

11 A How many rooms are there in your house?
B Hmm... There are too many to count.

🔗 **12** People suddenly shouted, "Is there some kind of magic happening?
Why is the fire disappearing?"

구문UP Fill in the blanks using the given words.

13 _____ _____ anyone to chat with me? (be)
나랑 잡담할 사람 있니?

14 A _____ _____ tigers in Africa?
B No, _____ _____ no wild tigers in Africa. (be)
A: 아프리카에 호랑이들이 있나요?   B: 아니오, 아프리카에는 야생 호랑이가 없습니다.

15 _____ _____ an earthquake this morning? I felt the ground
shaking. (be)
아침에 지진이 있었나요? 땅이 흔들리는 것을 느꼈는데요.

💬 **Vocabulary**

officer 경찰관 | **Mars** 화성 | **shooting star** 유성 | **rustle** (의성어) 부스럭 | **well** 우물 | **endless** 끝없는 | **count** (수 등을) 세다 | **magic** 마술 | **disappear** 사라지다 | **chat** 잡담하다 | **wild** 야생의 | **earthquake** 지진 | **shaking** 흔들림

55

UNIT

명령문
주어는 생략하고 동사원형으로 나타내며 문장 앞 뒤에 'please'를 붙이기도 한다.

- **Turn right at the next corner.**
  다음 골목에서 오른쪽으로 돌아라.
- **Cut an apple in half.**
  사과를 반으로 잘라라.

1 Open your mouth! Say, "Ah."

주의
2 Be on time, please!
　　　　 명령문의 앞이나 뒤에 please를 넣어 공손하게 표현하기도 해요.

3 Shut up and take my money!

4 Stop being silly like a child!

5 Pay attention to me. I'm talking.

6 A How do I get to the post office?
　 B Go straight and then turn left. You can't miss it.

Grammar ⊘ Check

	어순	해석
긍정 명령문	동사원형 ~.	~해라.

7 Super Star Say Ho~♪, say Ho, Ho, Ho♪ Make some noise!

8 A Call him and apologize, right now.
 B I will... Dad.

9 Begin harvesting rice tomorrow morning.

10 Learn from yesterday, live for today, hope for tomorrow. – Albert Einstein

11 Come on, Paul! Hit the ball out of the park! Make it a home run!

🔗 **12** "Look over there! A really fast moving superhero is removing all the wood and sucking up the oxygen to put out the fire!"

구문UP **Find an error in each sentence and correct it.**

13 Do your best and is the best.
최선을 다하고 최고가 되어라.

14 Putting yourself in my shoes.
너도 내 입장이 되어봐.

15 Are quiet. I'm studying for the first time this year.
조용히 해. 나 올해 들어서 처음으로 공부하는 중이잖아.

📋 **Vocabulary**

pay attention to ~에게 주목하다 | **miss** 놓치다 | **apologize** 사과하다 | **right now** 당장, 바로 지금 | **harvest** 수확하다 | **park** 야구장 |
suck 빨아들이다 | **oxygen** 산소 | **put out** 불을 끄다 | **yourself** 너 자신 | **quiet** 조용한

56

부정 명령문

「Do not[Don't] + 동사원형」으로 '~하지 마'라는 의미이다. Do not[Don't] 대신에 '절대 ~하지 마라'는 의미의 Never를 쓰기도 한다.

- **Don't be shy.**
  부끄러워하지 마.

- **Don't go out alone at night.**
  밤에 홀로 나가지 마.

1 Don't go too far!

2 Never say never.

3 Do not say a word to him. He's very talkative.

4 Come on. Don't give me that look.

5 Please do not push the door. Pull it, please.

6 Don't judge people by their looks.

7 *Don't Forget to Remember Me* is a song by the Bee Gees.

Grammar ✓ Check

	어순	해석
부정 명령문	Do not[Don't] 동사원형 ~.	~하지 마라.
	Never 동사원형 ~.	절대 ~하지 마라.

8 A I guess I gotta go now.

 B Elena, **don't** spoil the mood! We just got here.
Elena가 주어가 아니므로 doesn't로 쓰지 않아요.

9 Please, don't leave me alone in this world.

 10 "Way to go! Don't stop until the fire completely goes out!"

11 Never give up when you have belief in your actions.

12 Oh, please don't get me wrong. I was just looking at the memory card.

구문UP Find an error and correct it.

13 Never comes in without knocking.
노크 없이 절대 들어오지 마.

14 Don't talking back to your parents! It's not right.
부모님께 말대꾸 하지 마라. 그것은 옳지 않아.

15 Not ignore my words. It's an order.
내 말을 무시하지마라. 그건 명령이다.

📑 **Vocabulary**

shy 부끄러워 하는 | talkative 말이 많은 | judge by ~으로 평가하다 | spoil 망치다 | mood 기분 | leave someone alone 내버려두다 | way to go 잘한다, 바로 그거야 | completely 완전히 | go out (불이) 꺼지다 | give up 포기하다 | belief 믿음 | action 행동 | get someone wrong 오해하다 | knock 두드리다 | ignore 무시하다 | order 명령

57

감탄문

기쁨, 놀람 등의 감정을 표현하는 문장으로 「What + (a/an) + 형용사 + 명사(+ 주어 + 동사)!」 형태의 What 감탄문과 「How + 형용사/부사(+ 주어 + 동사)!」 형태의 How 감탄문이 있다. What 감탄문의 경우 ① 주어 + 동사를 생략하기도 하며 ② 명사에 따라 a/an을 쓰는 것에 주의한다.

- **What a terrible story it was!**
  정말 끔찍한 이야기였어!

- **How fast Bolt runs!**
  볼트는 어찌나 빠르게 달리는지!

1 What a surprise!

2 How nice!

with permission from Seoyeon KIM

 3 How simple your life is!

감탄문이므로 is your life 순으로 쓰면 안돼요.

4 What a foolish question he asked!

 5 What an amazing soccer player Messi is!

amazing이 모음으로 시작하므로 an을 써야 해요.

 6 How beautiful the moon looks!

look이 감각동사이므로 beautifully로 쓰면 안 돼요.

 7 A What bad weather it is!   B Yes, it's freezing outside.

weather는 셀 수 없는 명사이므로 a가 들어가면 안 돼요.

Grammar ✓ Check

종류	감탄의 대상	어순
What 감탄문	명사	What + (a/an) + 형용사 + 명사 (+ 주어 + 동사)!
How 감탄문	형용사/부사	How + 형용사/부사 (+ 주어 + 동사)!

주의
8 How **slowly** he moves! What is he doing over there?
move가 자동사이므로 slow로 쓰면 안 돼요.

9 What an ordinary taste this brand has!

주의
10 A What old **cars** he has!
복수인 cars를 감탄하므로 an이나 a를 쓰면 안 돼요.
B Collecting old cars is his hobby.

11 "What fast movement he has! The fire is out!"

12 Customer What big pants they are!
Clerk Yes, but they're your size, 40.

구문UP **Fill in the blanks using the given words.**

13 _____ _____ the dolphins are! (smart)
돌고래들은 정말 똑똑하구나!

14 _____ _____ _____ _____ it was! (exciting, adventure)
정말 신나는 모험이었어!

15 I met your Japanese friends last week. _____ _____ _____
they were! (nice, people)
나는 지난주에 너의 일본 친구들을 만났어. 그들은 정말 친절했어!

💬 **Vocabulary**

terrible 끔찍한 | **foolish** 어리석은 | **freezing** 매우 추운 | **ordinary** 평범한 | **movement** 움직임

58

청유문(Let's)

「Let's + 동사원형」으로 나타낸다.

- **Let's go shopping.**
  쇼핑하러 가자.

- **Let's not come back.**
  돌아오지 말자.

1 Let's party tonight!

2 Let's not get together tomorrow.

3 A Let's be friends forever.
  B **Yes, let's.**
  Let's ~에 대한 긍정의 대답은 Yes, let's.로 해요.

4 A Let's not forget his sacrifice.
  B **No, let's not.**
  Let's not ~에 대한 부정의 대답은 No, let's not.으로 해요.

5 Rex, let's not fall in love with her. Promise?

6 Why wait? Let's leave now!
  「why+동사원형」은 구어체에서 쓰여요.

7 Let's not be sad. We are all fine.

Grammar ✓ Check

의미	어순
긍정	Let's + 동사원형 ~.
부정	Let's not + 동사원형 ~.

8 Let's get some fresh air. It's too stuffy in here.

9 Let's have a race to the park from here.

10 It's almost lunch time. Let's not discuss this now.

🔗 11 "Let's celebrate his brave actions! Nobody got hurt!"

12 Let's not take the elevator. The stairs are right here, and we should exercise.

구문 **UP** **Fill in the blanks using the given words.**

13 A _____ _____ _____ . (hurry)

    B No, _____ _____ .
    A: 서두르지 말자. B: 응, 그러지 말자.

14 _____ _____ honest with each other. (be)
    우리 서로에게 정직하자.

15 Amy, _____ _____ dinner together. Come to the kitchen. (prepare)
    Amy, 같이 저녁식사 준비하자. 부엌으로 와.

📑 **Vocabulary** ....

party 파티하다 | sacrifice 희생 | fall in love 사랑에 빠지다 | fresh 신선한 | stuffy (환기가 안 되어) 답답한 | celebrate 기념하다 |
honest 정직한 | prepare 준비하다

59

UNIT

부가의문문

평서문 뒤에 붙이는 의문문으로, 동의를 구하거나 사실을 확인할 때 사용한다.

- **It was a great party, wasn't it?**
  멋진 파티였어, 그렇지 않니?

- **Anna can't play the piano, can she?**
  Anna는 피아노를 칠 수 없어, 그렇지?

1 You aren't kidding, are you?

2 Yuki loves to listen to K-pop, doesn't she?

줄임말로 쓰고 대명사로 써야 해요.

3 Look! There is a fly in my soup, isn't there?

There be ~ 구문의 부가의문문의 주어는 항상 there예요.

4 Nick, you will help me, won't you?

Nick은 호격이고 주어는 you이므로 won't he?로 쓰면 안 돼요.

5 Maria can play the harp well, can't she?

6 Hey, sweeties! Be careful, won't you?

긍정명령문에는 can[could, can't] you, won't you가 쓰이기도 해요.

Grammar ✓ Check

주절의 동사 \ 주절의 종류	긍정문	부정문	명령문	Let's ~
be동사	~, be동사 + not + 주어?	~, be동사 + 주어?	~, will you?	~, shall we?
일반동사	~, do + not + 주어?	~, do + 주어?		
조동사	~, 조동사 + not + 주어?	~, 조동사 + 주어?		

주의
7 Let's not call the police, **shall we?**

Let's ~ 뿐만 아니라 Let's not ~도 shall we?를 써요.

주의
8 Do not lean out of the window, **will you?**

부정명령문의 부가의문문도 will you예요.

9 Linus can't sleep without his blanket, can he?

10 I should overcome this challenge, shouldn't I?

11 This was a great beginning for Flashman's heroic deeds, wasn't it?

12 Okay, students. Let's call it a day, shall we?

구문UP **Fill in the blanks to make a sentence.**

13 So please don't hate me, _____ _____?

그러니까 제발 날 미워하지 마, 그래 줄래?

14 Let's not have *jajangmyeon* this time, _____ _____?

이번에는 자장면 먹지 말자, 그럴래?

15 We are hungry, _____ _____? Let's have some snacks, _____
_____?

우린 배고파, 그렇지 않아? 간식 먹자, 그럴래?

📱 Vocabulary

kid 농담하다; 아이 | **lean** 기대다 | **overcome** 극복하다 | **challenge** 어려움, 도전 | **heroic** 영웅적인 | **deed** 행위, 위업 | **call it a day** 일을 마치다

꼬리에 꼬리를 무는 문장 ❹

앞서 학습한 유닛에서 표시된 🔗 문장을 이으면 멋진 슈퍼 히어로 Andrew의 이야기가 펼쳐집니다!

난 Andrew. 내공의 신으로부터 엄청난 능력을 얻게 되었어. 나를 기다리고 있는 첫 번째 사건은 무엇일까? 우리 함께 지문을 읽으면서 알아보도록 하자구!

Read the following and answer the questions.

At that moment, The God of Inner Power disappeared![44] A voice came from the sky, "Don't worry. I'm still with you. Keep going on the adventures in front of you."[45]

Then, a fire alarm suddenly rang from the gym.[46] A huge smoke cloud was rising, and the students inside were screaming.[47] Because the fire was burning right in front of the door, the students were not able to escape.[48] People around the gym tried to remove the flammable pieces of wood before the door collapsed.[49] When the fire spread faster than they could remove the wood, they couldn't help giving up hope.[50] It was too late to call the fire department.[51] Fortunately, there is our brand new superhero, Flashman.[52] There wasn't any other way to save the students in time.[53]

People suddenly shouted, "Is there some kind of magic happening? Why is the fire disappearing?"[54] "Look over there! A really fast moving superhero is removing all the wood and sucking up the oxygen to put out the fire!"[55] "Way to go! Don't stop until the fire completely goes out!"[56] "What fast movement he has! The fire is out!"[57] "Let's celebrate his brave actions! Nobody got hurt!"[58]

[Flashman's, wasn't, was, this, great, it, beginning, deeds, for, heroic, a]?[59]

* 구문 활용 독해문장 뒤의 번호는 해당 문장이 삽입되어 있는 유닛입니다.

1 Which is the correct word for the definition?

An unusual or exciting experience

① deed   ② hero   ③ oxygen   ④ magic   ⑤ adventure

2 What is the best title for the passage?

① How to Put Out a Fire   ② The Mysterious Fire Accident

③ Magic Show in the School Gym   ④ The First Heroic Action of Flashman

⑤ The Trick of the God of Inner Power

3 Rearrange the given words in correct order.

이것은 Flashman의 영웅적인 행위의 시작이었다, 그렇지 않은가?

[Flashman's, wasn't, was, this, great, it, beginning, deeds, for, heroic, a]?

Vocabulary

disappear 사라지다 | adventure 모험 | sudden 갑작스러운 | ring 울리다 | gym 체육관 | smoke 연기 | scream 비명을 지르다 | burn 타다 | escape 탈출하다 | flammable 불붙기 쉬운 | collapse 붕괴하다, 무너지다 | spread 번지다 | remove 제거하다 | give up hope 절망하다 | fortunately 다행히도 | save 구하다 | suck 빨아들이다 | oxygen 산소 | put out (불이) 끄다 | way to go 잘한다, 바로 그거야 | completely 완전히 | go out (불이) 꺼지다 | movement 움직임 | be gone 사라지다 | celebrate 축하하다, 기리다 | heroic 영웅적인 | deed 행위, 위업

내공 중학영어독해 시리즈

내신 공략! 독해 공략!
내신이 쉬워지는 중등독해 시리즈

입문 ❶❷ | 중1 대상

기본 ❶❷ | 중2 대상

실력 ❶❷ | 중3 대상

- 재미있고 다양한 소재의 32개 지문
- 중학교 영어 교과서 핵심 문법 사항 연계
- 내신 대비 서술형 문항 최다 수록
- 어휘·문법·문장 쓰기 훈련을 위한 워크북 제공
- 내신 기출 유형으로만 구성된 추가 문항 제공
- 어휘·지문 듣기 QR코드 및 모바일웹 서비스 지원

www.darakwon.co.kr

문법 품은 **구문으로** ~
재미 폭발 **이야기로** ~

신

내공 략

중학

김한나 | 김현우 | 송승룡 | 김형규 | 이건희

영어

구문 1

다락원 내공
중학영어구문~

WORKBOOK

WORKBOOK

01

be동사 현재형

'_____', '_____'의 뜻이며, 인칭에 따라 am, are, is를 사용한다.

이 검은 고양이는 Nero이다.

Elsa와 Anna는 성 안에 있다.

Let's Walk! 빈칸에 알맞은 말을 쓰시오. (is, are)

1 He _____ my homeroom teacher.
그는 나의 담임선생님이다.

2 The lady and the gentleman _____ neighbors.
그 숙녀와 그 신사는 이웃이다.

3 My purse _____ very expensive.
나의 지갑은 아주 비싸다.

Let's Run! 다음 문장이 어법적으로 옳으면 T, 틀리면 F하고 틀린 부분을 고쳐 쓰시오.

4 My best friend and I am on the bus. □ T □ F

5 You and she is unkind to me. □ T □ F

6 Rex and Louganis are gladiators. □ T □ F

Let's Jump! 다음 문장을 해석하시오.

7 My mom's tom yum goong is delicious.

8 A kangaroo's tail is really strong.

9 You are my precious friend.

Let's Fly! 다음 문장을 영작하시오.

10 다음 주어진 문장과 같은 뜻이 되도록 재배열 하시오.
그들은 미식축구 경기장에 있다.
(in, football, they, the, stadium, are)

11 다음 주어진 문장과 같은 뜻이 되도록 주어진 단어 중 필요한 것만 골라 재배열 하시오.
이 오래된 동전들은 순금이다.
(gold, old, these, pure, is, am, coins, are)

12 다음 조건에 맞게 우리말을 영작하시오.
이 귀여운 동물은 갓 태어난 하마입니다.

① 주어와 동사가 있는 완전한 문장으로 쓸 것 ② 7단어로 쓸 것

02

UNIT

be동사 과거형

am, is의 과거형은 _____ 이고, are의 과거형은 _____ 이다.

작년에, Elsa는 13세였고 지금은 14세이다.

Cindy와 Paul은 어제 해변에 있었다.

Let's Walk! 빈칸에 알맞은 말을 쓰시오. (was, were)

1 The notebooks _____ light and small.
그 공책들은 가볍고 작았다.

2 We _____ in the middle of the desert.
우리는 그 사막 한 가운데에 있었다.

3 I _____ tall for the age throughout my childhood.
나는 어릴 적 내내 나이에 비해 키가 컸었다.

Let's Run! 다음 문장이 어법적으로 옳으면 T, 틀리면 F하고 틀린 부분을 고쳐 쓰시오.

4 Last Christmas were a white Christmas. □ T □ F

5 Isabel and Isaac was at Broadway & W 42nd street. □ T □ F

6 The camels were thirsty and tired. □ T □ F

Let's Jump! 다음 문장을 해석하시오.

7 Adam was deaf, but he was talkative.

8 You were friendly to everyone except me.

9 The spy was under the table during our meeting yesterday.

Let's Fly! 다음 문장을 영작하시오.

10 다음 주어진 문장과 같은 뜻이 되도록 재배열 하시오.
그는 평범한 중학생이었다.
(was, middle, student, he, an, ordinary, school)

11 다음 주어진 문장과 같은 뜻이 되도록 주어진 단어 중 필요한 것만 골라 재배열 하시오.
그 가게는 예쁜 점원 때문에 유명했다.
(store, famous, am, pretty, the, was, clerk, for, its, were)

12 다음 조건에 맞게 우리말을 영작하시오.
그 절은 우리 교회 바로 옆에 있었다.

① 주어와 동사가 있는 완전한 문장으로 쓸 것 ② 8단어로 쓸 것

03

be동사 부정문(현재/과거)

be 동사 _____ 에 '_____'을 붙여 만들며 '~이 아니다, ~이 있지 않다'의 뜻이다.

_____

이 디지털카메라는 싸지가 않네.

_____

그녀의 여동생들은 이 사진에서는 예쁘지 않았다.

Let's Walk! 빈칸에 알맞은 말을 쓰시오. (isn't, are not)

1 Bats _____ birds.
박쥐는 조류가 아니다.

2 Ben _____ here now.
Ben은 지금 여기 있지 않다.

3 My dad _____ a superman, but he is best for me.
우리 아빠는 슈퍼맨은 아니지만, 나에게는 최고이다.

Let's Run! 다음 문장이 어법적으로 옳으면 T, 틀리면 F하고 틀린 부분을 고쳐 쓰시오.

4 I not am an idiot.   ☐ T ☐ F

5 He wasn't special in any way.   ☐ T ☐ F

6 The grapefruits in the refrigerator isn't fresh.   ☐ T ☐ F

Let's Jump! 다음 문장을 해석하시오.

7 Actually Joanne was not a human being.

8 The Smiths aren't rich, but they are happy.

9 Admiral Yi Sun-shin wasn't scared of death.

Let's Fly! 다음 문장을 영작하시오.

10 다음 주어진 문장과 같은 뜻이 되도록 재배열 하시오.
죄송합니다만, 선반 맨 위에 있는 저 책들은 판매하지 않습니다.
(on the top shelf, but, I'm sorry, those books, are, for sale, not)

11 다음 주어진 문장과 같은 뜻이 되도록 주어진 단어 중 필요한 것만 골라 재배열 하시오.
어젯밤에 우리는 너에게 화나지 않았었어.
(were, wasn't, last, you, we, angry, night, not, am, with)

12 다음 조건에 맞게 우리말을 영작하시오.
우리는 5년 전에는 친구가 아니었다.

① 주어와 동사가 있는 완전한 과거 문장으로 쓸 것 ② 6단어로 쓸 것

04

be동사 의문문(현재/과거)

be동사 의문문은 「_____ + _____」의 어순이 된다.

A: 그녀는 이 학교 학생이니?   B: 예, 맞아요.

A: 너희 반 친구들은 너에게 친절했니?   B: 아니요, 그러지 않았어요.

Let's Walk! 빈칸에 알맞은 말을 쓰시오. (Was, Are)

1 _____ it an accident or his destiny?
그것은 사고였을까 아니면 그의 운명이었을까?

2 _____ you sure?
너 확실하니?

3 _____ Shawn your prince charming?
Shawn이 너의 꿈속의 왕자님이었니?

Let's Run! 다음 문장이 어법적으로 옳으면 T, 틀리면 F하고 틀린 부분을 고쳐 쓰시오.

4 Hello, are Ms. Brown there?　　　　□ T □ F

5 Were your uncle a sushi chef in Dubai?　　□ T □ F

6 Is geckos in Southern Vietnam?　　　　□ T □ F

Let's Jump! 다음 문장을 해석하시오.

7 A Is the smartphone important for our lives?　　B You bet!

8 A Am I gorgeous?　　B Are you crazy?

9 A Are you the Lord of the Rings?　　B No, I'm not.

Let's Fly! 다음 문장을 영작하시오.

10 다음 주어진 문장과 같은 뜻이 되도록 재배열 하시오.
너 혹시 Logan의 전 여자 친구들 중 한명이니?
(you, one, Logan's, are, perhaps, of, ex-girlfriends)

11 다음 주어진 문장과 같은 뜻이 되도록 주어진 단어 중 필요한 것만 골라 재배열 하시오.
너희들이 이 학교의 칠공주였니?
(this, seven, the, of, were, you, princesses, are, am, school)

12 다음 조건에 맞게 우리말을 영작하시오.
제가 올바른 교실에 있는건가요?

　① 주어와 동사가 있는 완전한 의문문으로 쓸 것　② 6단어로 쓸 것

05

UNIT

일반동사 현재형

주어가 _____ 인칭 _____ 일 때는 동사원형에 '-s' 또는 '-es'가 붙는다.

_____

난 매일 아침 7시에 일어난다.

_____

Anna는 그녀의 부모님과 여동생과 함께 산다.

Let's Walk! 빈칸에 알맞은 말을 쓰시오. (come, have, wash)

1 Batman _____ his cape every night.
배트맨은 매일 밤 자신의 망토를 빤다.

2 Ann _____ blue eyes and red hair.
Ann은 파란 눈과 빨간 머리를 가졌다.

3 After night, dawn _____.
밤이 지나면 새벽이 온다.

Let's Run! 다음 문장이 어법적으로 옳으면 T, 틀리면 F하고 틀린 부분을 고쳐 쓰시오.

4 Hyunwoo like mac and cheese, too. □ T □ F

5 Jim the Janitor always smiles at us. □ T □ F

6 The limousine bus carrys people to the airport. □ T □ F

Let's Jump! 다음 문장을 해석하시오.

7 My neighbor's dog and his master bark at each other.

8 The pastor practices kung fu on Fridays.

9 The Mississippi River divides the United States into East and West.

Let's Fly! 다음 문장을 영작하시오.

10 다음 주어진 문장과 같은 뜻이 되도록 재배열 하시오.
쇼핑몰들은 에어컨을 강하게 나오도록 설정한다.
(high, malls, set, shopping, conditioners, their, air, to)

11 다음 주어진 문장과 같은 뜻이 되도록 주어진 단어 중 필요한 것만 골라 재배열 하시오.
그 여자 주인공은 영화의 마지막에서 죽는다.
(dies, the film, the end, dies, the heroine, at, of, die)

12 다음 조건에 맞게 우리말을 영작하시오.
나의 할아버지는 색소폰을 연주하신다.

① 주어와 동사가 있는 완전한 문장으로 쓸 것 ② 5단어로 쓸 것

06

UNIT

일반동사 과거형

주어에 관계없이 동사원형에 '-d' 또는 '-_____'를 붙이는 규칙동사와 그렇지 않은 불규칙동사가 있다.

_____

민호는 생일 케이크를 만들었다.

_____

민지는 어제 내가 숙제하는 것을 도와주었다.

Let's Walk! 빈칸에 알맞은 말을 쓰시오. (throw, find, sell)

1 She _____ the bag online last night.
그녀는 어젯밤에 온라인으로 그 가방을 팔았다.

2 Nine ninjas _____ the enemy base.
아홉 명의 닌자들이 적의 기지를 발견했다.

3 Lucy _____ an egg from the rooftop.
Lucy는 옥상에서 달걀을 던졌다.

Let's Run! 다음 문장이 어법적으로 옳으면 T, 틀리면 F하고 틀린 부분을 고쳐 쓰시오.

4 On a log bridge, the tiger meeted ten *Sapsali* dogs and ran away   ☐ T ☐ F

5 Gilbert seed six numbers in his dream.   ☐ T ☐ F

6 My miserable report card blew away in the wind.   ☐ T ☐ F

Let's Jump! 다음 문장을 해석하시오.

7 One day, he went into the science lab with his friend, Jake.

8 The secretary read the important document secretly.

9 Snow White ate a red apple and seven pieces of pizza.

Let's Fly! 다음 문장을 영작하시오.

10 다음 주어진 문장과 같은 뜻이 되도록 재배열 하시오.
1999년도에 강한 폭풍이 그 도시를 강타했다.
(in, storm, the, hit, a, 1999, heavy, town)

11 다음 주어진 문장과 같은 뜻이 되도록 주어진 단어 중 필요한 것만 골라 재배열 하시오.
Emma는 스마트와치를 생일선물로 사주었다.
(a, smartwatch, gift, Emma, a, buyed, as, buys, birthday, bought)

12 다음 조건에 맞게 우리말을 영작하시오.
나의 애완 뱀 Dronkey가 나를 물었다.

① 주어와 동사가 있는 완전한 문장으로 쓸 것   ② 6단어로 쓸 것   ③ bite의 과거동사형에 주의할 것

07

일반동사의 부정문(현재/과거)

주어가 3인칭 _____ 이고 현재형이면 「does not[doesn't] + _____」을, 그 외는 「do not[don't] + _____」을 사용한다. 과거형은 「did not[didn't] + 동사원형」을 사용한다.

_____

Kate는 공포영화를 좋아하지 않는다.

_____

Jimmy는 어제 극장에 오지 않았다.

Let's Walk! 빈칸에 알맞은 말을 쓰시오. (doesn't, don't, didn't)

1 Jake's coach _____ give up on him.
Jake의 감독님은 그를 포기하지 않았다

2 He _____ like espresso.
그는 에스프레소를 좋아하지 않는다.

3 I _____ care.
나는 신경 쓰지 않는다.

Let's Run! 다음 문장이 어법적으로 옳으면 T, 틀리면 F하고 틀린 부분을 고쳐 쓰시오.

4 We don't visit Lucy's yesterday.　　　　☐ T ☐ F

5 They don't do homework from time to time.　　☐ T ☐ F

6 He doesn't told lies to his friends.　　　☐ T ☐ F

Let's Jump! 다음 문장을 해석하시오.

7 At first, Andrew doesn't feel the strong electromagnetic field around the lab.

8 Sophia didn't send an invitation card to her best friend.

9 The police didn't release the prime suspect.

Let's Fly! 다음 문장을 영작하시오.

10 다음 주어진 문장과 같은 뜻이 되도록 재배열 하시오.
나의 똑똑한 아들은 쉬운 문제들에는 대답하지 않는다.
(easy, my, doesn't, questions, son, answer, smart)

11 다음 주어진 문장과 같은 뜻이 되도록 주어진 단어 중 필요한 것만 골라 재배열 하시오.
너는 시험에서 정확한 단어를 쓰지 않았다.
(didn't, the, doesn't, the, on, correct, write, you, not, test, word)

12 다음 조건에 맞게 우리말을 영작하시오.
Ethan은 그의 여자친구와 절대 쇼핑을 가지 않는다.

　① 주어와 동사가 있는 완전한 문장으로 쓸 것　② 7단어로 쓸 것　③ 부정어 never를 사용할 것

08

UNIT

일반동사의 의문문(현재/과거)

현재형은 「Do[Does] + 주어 + _____ ~?」을, 과거형은 「Did + 주어 + _____ ~?」을 사용한다.

_____

너희 어머니가 역사를 가르치시니?

_____

너와 Cindy는 어제 배드민턴을 쳤니?

Let's Walk! 빈칸에 알맞은 말을 쓰시오. (do, dream, get)

1 A _____ you really _____ every night?   B Yes, about you.
A: 너는 정말로 매일 밤 꿈을 꾸니?   B: 어, 네 꿈꿔.

2 _____ you _____ my text last night?
너 어젯밤에 내 문자메시지 받았니?

3 Does Luke _____ the laundry every day?
Luke는 빨래를 매일 하니?

Let's Run! 다음 문장이 어법적으로 옳으면 T, 틀리면 F하고 틀린 부분을 고쳐 쓰시오.

4 A Do Dean look like Yoda?   B Yes, indeed.   ☐ T ☐ F

5 Jake asks Andrew, "Do you feel something here, too?"   ☐ T ☐ F

6 Do I knew you? I don't think you do.   ☐ T ☐ F

Let's Jump! 다음 문장을 해석하시오.

7 Does Grouchy Smurf complain all the time?

8 Did Isinbayeva set a record in the pole jump again?

9 Did Plato suggest this boring theory?

Let's Fly! 다음 문장을 영작하시오.

10 다음 주어진 문장과 같은 뜻이 되도록 재배열 하시오.
Marwan은 공룡에 대한 보고서를 제출했니?
(Marwan, the, dinosuars, hand, report, in, did, about)

11 다음 주어진 문장과 같은 뜻이 되도록 주어진 단어 중 필요한 것만 골라 재배열 하시오.
너의 엄마도 레게머리를 하고 계시니?
(don't, also, have, do, deadlocks, your, does, hair, mom, did, her, in)

12 다음 조건에 맞게 우리말을 영작하시오.
당신은 중학생 때 교복을 입었나요?

① 주어와 동사가 있는 완전한 의문문으로 쓸 것   ② 8단어로 쓸 것

09

UNIT

현재진행형

진행 중인 동작을 나타내어 '~하는 중이다'의 의미이며, 「be동사의 현재형(am / are / is) + _____」의 형태로 나타낸다.

Sue는 거실에서 만화책을 읽고 있는 중이다.

그녀의 친구들은 수영복과 선탠로션을 싸고 있다.

Let's Walk! 빈칸에 알맞은 말을 쓰시오. (drink, live, find)

1 Norman _____ herb tea.
Norman은 허브티를 마시고 있다.

2 We _____ in the 21ˢᵗ century.
우리는 21세기에 살고 있다.

3 Everybody _____ Wally now.
모두가 지금 Wally를 찾고 있다.

Let's Run! 다음 문장이 어법적으로 옳으면 T, 틀리면 F하고 틀린 부분을 고쳐 쓰시오.

4 Scarlet is screamed at her parents.　　　□ T □ F

5 Rasool is arm wrestling with Danny.　　　□ T □ F

6 The charity are helping people in need.　　　□ T □ F

Let's Jump! 다음 문장을 해석하시오.

7 The kids are throwing snowballs at each other.

8 Suddenly, Andrew is floating in the air by a strange power!

9 That sloth is crawling along at 2m/min.

Let's Fly! 다음 문장을 영작하시오.

10 다음 주어진 문장과 같은 뜻이 되도록 재배열 하시오.
그 용은 마을 전체를 태우고 있다.
(whole, dragon, the, the, burning, town, is)

11 다음 주어진 문장과 같은 뜻이 되도록 주어진 단어 중 필요한 것만 골라 재배열 하시오.
그 뚱뚱한 숙녀는 탱고를 우아하게 추고 있다.
(gracefully, lady, were, danced, Tango, is, fat, dancing, the, was)

12 다음 조건에 맞게 우리말을 영작하시오.
강아지 한 마리가 나를 따라오고 있다.

① 주어와 동사가 있는 완전한 문장으로 쓸 것　② 6단어로 쓸 것　③ '뒤쫓다'라는 의미의 숙어 'run after'를 사용할 것

10

UNIT

현재진행형의 부정문
「be동사(am / are / is) + not + -ing」의 형태이다.

Peter는 지금 숙제를 하고 있지 않다.

Jessica와 그녀의 친구들은 지금 점심을 먹고 있지 않다.

Let's Walk! 빈칸에 알맞은 말을 쓰시오. (do, move, listen)

1 These days I _____ any exercise.
요즈음 나는 어떠한 운동도 하고 있지 않다.

2 Dad! My cat, Mickey, _____ now!
아빠! 내 고양이 Mickey가 움직이지 않아요!

3 You, you, and you _____ to me.
너, 너, 그리고 너는 내 말을 듣고 있지 않구나.

Let's Run! 다음 문장이 어법적으로 옳으면 T, 틀리면 F하고 틀린 부분을 고쳐 쓰시오.

4 Oh my! Pooh not is wearing pants.　　　　☐ T ☐ F

5 She isn't pay attention to the lecture.　　　　☐ T ☐ F

6 Usain Nut is not run the track. He is walking.　　☐ T ☐ F

Let's Jump! 다음 문장을 해석하시오.

7 The trumpeter isn't playing his instrument properly.

8 But the strange power is not affecting Jake.

9 The last scene of the movie is not fading away in my head.

Let's Fly! 다음 문장을 영작하시오.

10 다음 주어진 문장과 같은 뜻이 되도록 재배열 하시오.
지금 그 남자들은 벤치 위에 앉아 있지 않아요.
(aren't, on, now, sitting, the, a, right, men, bench)

11 다음 주어진 문장과 같은 뜻이 되도록 주어진 단어 중 필요한 것만 골라 재배열 하시오.
그들은 같은 탁자에서 밥을 먹고 있지 않다.
(not, the, eaten, ate, they're, having, table, same, at, meals, is)

12 다음 조건에 맞게 우리말을 영작하시오.
나는 내 조국을 위해서 진실을 말하고 있지 않다.

　　① 주어와 동사가 있는 완전한 문장으로 쓸 것　② 9단어로 쓸 것　③ 진행형을 사용할 것

11

현재진행형의 의문문

「be동사 + 주어 + _____ ~?」의 형태이다.

그녀는 수영장에서 수영을 하고 있니?

Fred와 그의 남동생은 그들의 어머니를 기다리는 중이니?

Let's Walk! 빈칸에 알맞은 말을 쓰시오. (do, sell, chew)

1 _____ we _____ anything for the world?
우리 세상을 위해서 무엇인가 하고 있는걸까?

2 _____ the store _____ drones?
그 가게는 드론(무인 비행기)을 팔고 있나요?

3 _____ Catherine's dog _____ her shoe?
Catherine의 강아지가 그녀의 신발을 씹고 있니?

Let's Run! 다음 문장이 어법적으로 옳으면 T, 틀리면 F하고 틀린 부분을 고쳐 쓰시오.

4 Jackie is standing in front? □ T □ F

5 A Are you guys having fun? □ T □ F
  B Yeah, are we having so much fun!

6 Is she written a novel for the contest? □ T □ F

Let's Jump! 다음 문장을 해석하시오.

7 Am I going the right way or am I lost?

8 Is the Buddhist monk listening to hip hop music?

9 Are you sacrificing anything for your dreams?

Let's Fly! 다음 문장을 영작하시오.

10 다음 주어진 문장과 같은 뜻이 되도록 재배열 하시오.
Zuzana가 내 귀여운 야구 모자를 비웃고 있는 거니?
(laughing, is, my, at, cap, baseball, Zuzana, cute)

11 다음 주어진 문장과 같은 뜻이 되도록 주어진 단어 중 필요한 것만 골라 재배열 하시오.
네 아버지께서 시장으로 출마하시니?
(are, ran, mayor, your, running, is, father, for, run)

12 다음 조건에 맞게 우리말을 영작하시오.
Lily는 꽃가게에서 일하고 있니?

① 주어와 동사가 있는 진행형이 포함된 완전한 의문문으로 쓸 것 ② 7단어로 쓸 것

12

be going to

「be going to + _____」의 형태로 '~할 것이다, ~할 예정이다'라는 의미이다. 단, 주어에 따라서 _____ 동사는 바뀐다.

UNIT

_____

그녀는 설거지를 할 것이다.

_____

많은 사람들이 그 신작 영화를 볼 것이다.

Let's Walk! 빈칸에 알맞은 말을 쓰시오. (am, is, are)

1 He _____ going to arrive here soon.
그는 여기에 곧 도착할 것이다.

2 They _____ going to watch a late-night movie tonight.
그들은 오늘 밤 심야 영화를 볼 것이다.

3 I _____ going to write a thank you letter to my personal trainer.
나는 내 개인트레이너에게 감사편지를 쓸 것이다.

Let's Run! 다음 문장이 어법적으로 옳으면 T, 틀리면 F하고 틀린 부분을 고쳐 쓰시오.

4 David and Ken is going to quit their jobs as soon as possible. □ T □ F

5 Our meeting is going to are a symbol of peace. □ T □ F

6 A mysterious voice suddenly said, "Andrew, you are going to □ T □ F
be a new superhero!"

Let's Jump! 다음 문장을 해석하시오.

7 The island country is going to sink under the ocean.

8 The Beast is going to propose to the Beauty tomorrow.

9 We are going to throw a surprise party for her.

Let's Fly! 다음 문장을 영작하시오.

10 다음 주어진 문장과 같은 뜻이 되도록 재배열 하시오.
Angela는 폴란드에서 3주를 보낼 것이다.
(spend, in, going, three, Angela, to, is, Poland, weeks)

11 다음 주어진 문장과 같은 뜻이 되도록 주어진 단어 중 필요한 것만 골라 재배열 하시오.
저 두 마리의 오랑우탄은 서로 싸울 것이다.
(orangutans, fought, each, is, going, those, two, other, fight, to, are)

12 다음 조건에 맞게 우리말을 영작하시오.
우리 아버지께서는 내일 나의 선생님을 찾아뵐 것이다.

① 주어와 동사가 있는 완전한 문장으로 쓸 것 ② 9단어로 쓸 것 ③ 'be going to'를 사용하여 미래시제를 표현 할 것

13

be going to 부정문 / 의문문

부정문은 「주어 + be동사 + _____ + 동사원형」,
의문문은 「be동사 + 주어 + _____ + 동사원형 ~?」의 형태이다.

_____

Eric은 그녀에게 다시 전화하지 않을 거야.

_____

A: 너는 오늘 그 쇼핑몰에 갈 거니?   B: 아니.

Let's Walk! 빈칸에 알맞은 말을 쓰시오. (isn't, are, are not)

1 _____ you really going to challenge our team?
  너희들이 정말로 우리 팀에 도전할 거니?

2 The girl _____ going to wear a dress at the prom.
  그 소녀는 졸업 무도회에서 드레스를 입지 않을 것이다.

3 They _____ going to take a swimming class next semester.
  그들은 다음 학기에 수영수업을 듣지 않을 예정이다.

Let's Run! 다음 문장이 어법적으로 옳으면 T, 틀리면 F하고 틀린 부분을 고쳐 쓰시오.

4 We are going not to attack any country first.   ☐ T ☐ F

5 Is the engine of this old car going to be okay?   ☐ T ☐ F

6 Are Josh going to keep tarantulas?   ☐ T ☐ F

Let's Jump! 다음 문장을 해석하시오.

7 Are the boys going to dance the hula on the rooftop tonight?

8 The smile on her face is never going to disappear.

9 "But, I'm not going to decide if you will be a good hero or a bad one," the voice continues.

Let's Fly! 다음 문장을 영작하시오.

10 다음 주어진 문장과 같은 뜻이 되도록 재배열 하시오.
   네 남동생들은 이 사실을 믿지 않을 것이다.
   (are, the, your, going, believe, to, younger, fact, brothers, this, not)

11 다음 주어진 문장과 같은 뜻이 되도록 주어진 단어 중 필요한 것만 골라 재배열 하시오.
   나는 더 이상 청량음료를 마시지 않을 거야.
   (drank, not, anymore, am, soft drinks, I, going, drink, to, was)

12 다음 조건에 맞게 우리말을 영작하시오.
   그 유람선은 정시에 도착하지 않을 것이다.

   ① 주어와 동사가 있는 완전한 문장으로 쓸 것   ② 8단어로 쓸 것   ③ 'be going to'를 사용하여 미래시제를 표현할 것

14

UNIT

의문대명사 who, whom

사람의 이름이나 관계를 물어보며, 「Who + _____ + 주어 ~?」와 「Who(m) + do[does/did] + 주어 + _____ ~?」으로 사용한다. 단, 의문사가 주어일 경우 「의문사 + 동사 (+ 목적어) ~?」를 쓴다.

_____

A: 그들은 누구니?   B: 음악가들이야.

_____

너 백화점에서 누구를 만났니?

Let's Walk! 빈칸에 알맞은 말을 쓰시오. (who, whom)

1 _____ built this huge sandcastle over night?
누가 밤사이 거대한 모래성을 만들었을까?

2 _____ do you live with?
넌 누구랑 사니?

3 Andrew asked, "_____ are you?"
앤드류가 물었다. "당신은 누구입니까?"

Let's Run! 다음 문장이 어법적으로 옳으면 T, 틀리면 F하고 틀린 부분을 고쳐 쓰시오.

4 Whom moved my cheese? ☐ T ☐ F

5 Whom is going to be the next winner of this quiz show? ☐ T ☐ F

6 A Who really discovered America? ☐ T ☐ F
B In my opinion, it's Amerigo Vespucci.

Let's Jump! 다음 문장을 해석하시오.

7 Who let the dogs out?

8 Who stepped on the moon first?

9 Who is your favorite actor in Bollywood?

Let's Fly! 다음 문장을 영작하시오.

10 다음 주어진 문장과 같은 뜻이 되도록 재배열 하시오.
누가 지구 온난화에 대해 책임이 있나요? (for, warming, is, global, who, responsible)

11 다음 주어진 문장과 같은 뜻이 되도록 주어진 단어 중 필요한 것만 골라 재배열 하시오.
누가 쿠키 단지에서 쿠키를 가져갔니? (from, the cookie, the cookie jar, who, whom, is, took)

12 다음 조건에 맞게 우리말을 영작하시오.
당신은 내일 누구를 학급회장으로 뽑을 건가요?

① 주어와 동사가 있는 완전한 문장으로 쓸 것(10단어)
② who 나 whom을 이용할 것
③ 'be going to'를 사용하여 미래시제를 표현할 것

15

의문대명사 what

사람의 신분이나 _____을 묻는 경우에, 「What + be동사 + 주어 ~?」 또는 「What + do[does / did] + 주어 + _____ ~?」으로 표현한다. 단, 의문사가 주어일 경우 「의문사 + 동사 (+ 목적어) ~?」를 쓴다.

_____

네가 가장 좋아하는 과목은 무엇이니?

_____

너와 Tom은 어제 밤에 무엇을 했니?

Let's Walk! 빈칸에 알맞은 말을 쓰시오. (what is/am/are, what does/did/do)

1 _____ you want for Christmas?
크리스마스에 네가 원하는 게 뭐니?

2 A _____ the matter?   B I lost my dog.
A: 뭐가 문제니?   B: 나의 개를 잃어버렸어.

3 _____ friends for?
친구는 무엇을 위한 것이니?(친구가 좋다는 게 뭐겠니?)

Let's Run! 다음 문장이 어법적으로 옳으면 T, 틀리면 F하고 틀린 부분을 고쳐 쓰시오.

4 A What did you do?   B I work as an app developer.   ☐ T ☐ F

5 A What is the purpose of your visit to Nicaragua?   ☐ T ☐ F
B I'm here on vacation.

6 What are you say? Say that again.   ☐ T ☐ F

Let's Jump! 다음 문장을 해석하시오.

7 What does a phoenix look like?

8 What destroyed the ozone layer?

9 What happened to her? She isn't saying anything.

Let's Fly! 다음 문장을 영작하시오.

10 다음 주어진 문장과 같은 뜻이 되도록 재배열 하시오.
네가 가장 좋아하는 한국 요리는 무엇이니?
(Korean, is, dish, what, favorite, your)

11 다음 주어진 문장과 같은 뜻이 되도록 주어진 단어 중 필요한 것만 골라 재배열 하시오.
나에게 무엇을 원합니까?
(did, want, what, from, you, do, me, are)

12 다음 조건에 맞게 우리말을 영작하시오.
그는 오늘 저녁에 무슨 옷을 입을까?

① 주어와 동사가 있는 완전한 의문문으로 쓸 것   ② 8단어로 쓸 것   ③ 'be going to'를 사용하여 미래시제를 표현할 것

16

의문대명사 which

정해진 _____ 에서 어느 것인지 물을 때 사용한다. Which + be동사 + 주어... A _____ B ∼?
또는 Which + do[does / did] + 주어 + _____ ... A _____ B ∼?의 형태이다.

_____
이것과 저것 중에 어느 것이 네 것이니?

_____
케이크와 아이스크림 중에서 어느 것을 더 좋아하니?

Let's Walk! 빈칸에 알맞은 말을 쓰시오. (which is/am/are, which do/does/did)

1 "_____ you want me to be, a good hero or an evil one?"
제가 어느 것이 되기를 원하나요? 선한 영웅? 아니면 악한 영웅?

2 _____ June learning, Portuguese or Spanish?
June은 포르투갈어와 스페인어 중 무엇을 배우고 있는 중이니?

3 _____ your longboard?
어느 것이 너의 롱보드이니?

Let's Run! 다음 문장이 어법적으로 옳으면 T, 틀리면 F하고 틀린 부분을 고쳐 쓰시오.

4 What can you play, ping-pong or badmainton? ☐ T ☐ F

5 Which do you dislike more, cockroaches or rats? ☐ T ☐ F

6 A Which is her doll? B That plastic dinosaur. ☐ T ☐ F

Let's Jump! 다음 문장을 해석하시오.

7 Which does she like, camping in the jungle or camping on the beach?

8 Which is better, *Gungseo* font or Gothic font?

9 Which was the old name for Iran, Hittite or Persia?

Let's Fly! 다음 문장을 영작하시오.

10 다음 주어진 문장과 같은 뜻이 되도록 재배열 하시오.
피시 앤 칩스와 스시 중에 어떤 음식을 먹을 거니?
(are, or, which, sushi, fish and chips, going, you, eat, to)

11 다음 주어진 문장과 같은 뜻이 되도록 주어진 단어 중 필요한 것만 골라 재배열 하시오.
우리는 복숭아와 수박 중 무엇을 살 건가요?
(will, buy, going, do, which, or, peaches, we, watermelons, to, are)

12 다음 조건에 맞게 우리말을 영작하시오.
그 선생님은 지각과 껌 씹는 것 중 어떤 것을 더 싫어하실까?

① 시제가 맞는 완전한 문장으로 쓸 것(8단어) ② or를 이용하여 선택사항을 표시할 것

17

의문형용사 whose, which, what

명사 앞에 쓰여 _____ 의 역할을 하는 경우 사람은 _____ , 사물은 _____ 를 사용한다.
「Whose + 명사 + be동사 + 주어 ~?」 또는 「Which + 명사 + do[does / did] + 주어 + _____ ... A or B
~?」의 형태이다. 의문형용사 which는 정해진 대상에, what은 정해지지 않은 대상에 사용한다.

_____
이거 누구의 우산이니?

_____
넌 사과와 포도 중에 어떤 과일을 좋아하니?

Let's Walk! 빈칸에 알맞은 말을 쓰시오. (whose, which, what)

1 _____ kind of music do you like?   B I like K-pop.
   A: 어떤 종류의 음악을 좋아하나요?   B: K-pop을 좋아합니다.

2 _____ parents are those?
   저분들은 누구의 부모님이니?

3 A _____ size do you wear?   B I'm a size 55.
   A: 몇 사이즈 입으세요?   B: 저는 55사이즈에요.

Let's Run! 다음 문장이 어법적으로 옳으면 T, 틀리면 F하고 틀린 부분을 고쳐 쓰시오.

4 Whose color do they want, green, white, or red?   ☐ T ☐ F

5 What game is going to win game of the year?   ☐ T ☐ F

6 A Whose cat belongs to the witch?   B Puss in Boots.   ☐ T ☐ F

Let's Jump! 다음 문장을 해석하시오.

7 Which elephant is Dumbo?

8 Which girl is Russian, Yuryevich or Larionov?

9 Ahh... Whose alarm clock is this? It's so noisy.

Let's Fly! 다음 문장을 영작하시오.

10 다음 주어진 문장과 같은 뜻이 되도록 재배열 하시오.
   저것은 누구의 치즈케익이었니?
   (whose, that, was, cheesecake)

11 다음 주어진 문장과 같은 뜻이 되도록 주어진 단어 중 필요한 것만 골라 재배열 하시오.
   그것은 누구의 잘못이니?
   (was, fault, what, it, whose, who, is)

12 다음 조건에 맞게 우리말을 영작하시오.
   당신은 누구의 편입니까?

   ① 주어와 동사가 포함되고 의문사가 있는 완전한 의문문으로 쓸 것   ② 5단어로 쓸 것

18

의문부사 where

장소를 물을 때 사용하며, 「Where + be동사 + _____ ~?」 또는 「Where + do[does / did] + 주어 + _____ ~?」의 형태이다.

_____

그녀의 언니는 어디에 있니?

_____

너는 이 빨간 치마를 어디에서 샀니?

Let's Walk! 빈칸에 알맞은 말을 쓰시오. (where is/are/am, where does/do/did)

1 _____ you go to school?
너는 어디로 학교를 다니니?

2 _____ she put the car keys?
그녀는 자동차 키를 어디에 두었니?

3 A _____ my hat, Grandson?   B It's on your head.
A: 애야, 내 모자 어디 있지? B: 그것은 할아버지 머리 위에 있어요.

Let's Run! 다음 문장이 어법적으로 옳으면 T, 틀리면 F하고 틀린 부분을 고쳐 쓰시오.

4 It's an emergency! Where is the nearest bathroom?   □ T □ F

5 Where does Juliet going secretly at this time of night?   □ T □ F

6 Where did he from?   □ T □ F

Let's Jump! 다음 문장을 해석하시오.

7 Where does Veronica learn jiu jitsu?

8 A Where did Sandra get this tablet PC?   B She got it at Dragon Hill.

9 The voice answered, "Who am I? In my galaxy, they call me the God of Inner Power."

Let's Fly! 다음 문장을 영작하시오.

10 다음 주어진 문장과 같은 뜻이 되도록 재배열 하시오.
당신의 예의는 어디에 있나요? (예의 좀 지키시죠.)
(manners, where, your, are)

11 다음 주어진 문장과 같은 뜻이 되도록 주어진 단어 중 필요한 것만 골라 재배열 하시오.
그녀는 주말에 브런치를 어디서 먹니?
(where, on, weekends, does, will, brunch, have, she, do)

12 다음 조건에 맞게 우리말을 영작하시오.
당신은 미국 어디에서 머무를 겁니까?

① 주어와 동사의 시제가 일치할 것 ② 10단어로 쓸 것 ③ 'be going to'를 사용하여 미래시제를 표현할 것

19

UNIT

의문부사 when

시간을 물을 때 사용하며, 「When + be동사 + _____ ~?」 또는 「When + do[does / did] + 주어 + _____ ~?」의 형태이다.

_____

너의 생일은 언제니?

_____

그 기차는 언제 출발하니?

Let's Walk! 빈칸에 알맞은 말을 쓰시오. (when am/are/is, when do/does/did)

1 _____ you going to marry Leonardo?
  너 Leonardo와 언제 결혼할거니?

2 _____ you free?
  넌 언제 한가하니?

3 _____ the concert start?
  콘서트는 언제 시작하니?

Let's Run! 다음 문장이 어법적으로 옳으면 T, 틀리면 F하고 틀린 부분을 고쳐 쓰시오.

4 When do Olivia usually walk her dog?　　　　□ T □ F

5 Joan, when is our parents' wedding anniversary?　　　　□ T □ F

6 When did Noriko immigrate to Canada?　　　　□ T □ F

Let's Jump! 다음 문장을 해석하시오.

7 When did you become independent from your parents?

8 "My planet exploded in a tragic accident. Oh, when can I see my people again?"

9 When was the most critical moment of your life?

Let's Fly! 다음 문장을 영작하시오.

10 다음 주어진 문장과 같은 뜻이 되도록 재배열 하시오.
  너는 언제 일어나니?
  (up, when, wake, you, do)

11 다음 주어진 문장과 같은 뜻이 되도록 주어진 단어 중 필요한 것만 골라 재배열 하시오.
  우리는 현장학습을 언제 갈 예정인가요?
  (trip, when, field, we, a, going, where, on, do, go, to, are)

12 다음 조건에 맞게 우리말을 영작하시오.
  기말 시험 언제 시작하니?

  ① 주어와 동사의 수와 시제를 일치시킬 것　② 6단어로 쓸 것

20

의문부사 why

_____를 물을 때 사용하며, 「Why + be동사 + 주어 ~?」 또는 「Why + do[does/did] + 주어 + _____ ~?」의 형태이다.

U N I T

A: 어제 왜 결석했니?   B: 아파서.

어제 왜 그는 파티에 오지 않았니?

Let's Walk! 빈칸에 알맞은 말을 쓰시오. (why am/is/are, why do/does/did)

1 _____ you still awake?
너 왜 아직도 깨어 있니?

2 A _____ he like Sara?   B Because she's pretty pretty.
A: 왜 그는 Sara를 좋아하니?   B: 그녀가 아주 예쁘니까.

3 _____ Mr. Ron become a nurse?
Ron 씨는 왜 간호사가 되었나요?

Let's Run! 다음 문장이 어법적으로 옳으면 T, 틀리면 F하고 틀린 부분을 고쳐 쓰시오.

4 Why didn't you ask Lou? He will help you.   □ T □ F

5 Why is Pororo wearing his goggles?   □ T □ F

6 A Which are you so sad?   □ T □ F
  B Because my sister deleted my folders.

Let's Jump! 다음 문장을 해석하시오.

7 Why are they taking a tai chi chuan class?

8 Why did Rachel feel uncomfortable at the amusement park?

9 A Why didn't you answer my call?   B Because I was busy.

Let's Fly! 다음 문장을 영작하시오.

10 다음 주어진 문장과 같은 뜻이 되도록 재배열 하시오.
  그가 왜 이렇게 일찍 자러 가는거니? (so, is, why, early, bed, going, to, he)

11 다음 주어진 문장과 같은 뜻이 되도록 주어진 단어 중 필요한 것만 골라 재배열 하시오.
  너는 왜 미팅에 나오지 않았니? (the, didn't, show, meeting, at, up, you, weren't, why, don't)

12 다음 조건에 맞게 우리말을 영작하시오.
  너의 파자마 파티에 Liz를 초대하는 게 어때?

  ① 주어와 동사가 있는 완전한 문장으로 쓸 것
  ② 9단어로 이루어진 의문문으로 쓸 것
  ③ 주어와 동사의 수와 시제를 일치시킬 것

21

의문부사 how

_____, 수단, 상태를 물을 때 사용하며, 「How + be동사 + 주어 ~?」 또는 「How + do[does/did] + 주어 + _____ ~?」의 형태이다.

_____

보은에서의 휴가는 어땠니?

_____

그 서점에 어떻게 가니?

Let's Walk! 빈칸에 알맞은 말을 쓰시오. (how am/are/is, how do/does/did)

1 A _____ you go to school?   B By bus.
A: 너는 학교에 어떻게 가니?   B: 버스 타고.

2 _____ far _____ it to Mt. Baekdu from Jeju-do?
제주도에서 백두산까지 얼마나 먼가요?

3 A _____ much _____ this flower with the vase?   B It's 9,900 won.
A: 꽃병과 꽃을 합쳐서 얼마인가요?   B: 9,900원이에요.

Let's Run! 다음 문장이 어법적으로 옳으면 T, 틀리면 F하고 틀린 부분을 고쳐 쓰시오.

4 How does the weather today?   ☐ T ☐ F

5 How is you say "I love you" in Spanish?   ☐ T ☐ F

6 How did this little kid write this marvelous poem?   ☐ T ☐ F

Let's Jump! 다음 문장을 해석하시오.

7 A I deleted my Facebook account.   B How come?

8 A How does Philip solve difficult questions so easily?

9 A How often do your children eat chicken?   B Everyday. They're crazy about chicken.

Let's Fly! 다음 문장을 영작하시오.

10 다음 주어진 문장과 같은 뜻이 되도록 재배열 하시오.
그 5세대 전투기는 얼마나 빠른가요?
(flighters, how, generation, the, are, jet, fifth, fast)

11 다음 주어진 문장과 같은 뜻이 되도록 주어진 단어 중 필요한 것만 골라 재배열 하시오.
그곳에 도착하는데 얼마나 걸렸니?
(there, long, it, to, did, get, how, much, take, will)

12 다음 우리말을 영작하시오.
Andrew, 너의 새로운 힘을 어떻게 사용할거니?

22

U N I T

will

'_____'라는 의미로 미래와 의지를 나타낸다.

우리 아버지는 며칠 후에 돌아올 것이다.

나는 두 번 다시 그런 곳에는 가지 않을 것이다.

S마트에 가서 우유 좀 사올래?

Let's Walk! 빈칸에 알맞은 말을 쓰시오. (will, won't)

1 What _____ you do tonight?
오늘 밤 뭐 할거니?

2 Amy _____ tell her father about the car accident.
Amy는 그 차 사고에 대해 아빠에게 말하지 않을 것이다.

3 Mr. White _____ dye his hair black again.
White 씨는 다시는 그의 머리를 검정으로 염색하지 않을 것이다.

Let's Run! 다음 문장이 어법적으로 옳으면 T, 틀리면 F하고 틀린 부분을 고쳐 쓰시오.

4 The children won't worry about the bad weather.   □ T □ F

5 A Will the museum be open tomorrow?   □ T □ F
    B No, they will. They close on Mondays.

6 Mr. Holmes won't be home by six.   □ T □ F

Let's Jump! 다음 문장을 해석하시오.

7 A Will Jessy eat out with her father tonight?   B Yes, she will.

8 She will put a chocolate flower on top of the cake.

9 "Use your powers for others. Then, you will be a good hero."

Let's Fly! 다음 문장을 영작하시오.

10 다음 주어진 문장과 같은 뜻이 되도록 재배열 하시오.
언젠가 인류는 다른 은하계들로 여행할 것이다. (other, someday, galaxies, to, will, mankind, travel)

11 다음 주어진 문장과 같은 뜻이 되도록 주어진 단어 중 필요한 것만 골라 재배열 하시오.
오, 아마도 당신의 따님은 하버드나 예일에 갈 것입니다.
(oh, Harvard or Yale, maybe, is, to, will, your, go, daughter, you)

12 다음 조건에 맞게 우리말을 영작하시오.
본부는 공중지원을 언제 시작합니까?

① 어순에 맞는 문장으로 쓸 것 ② 7단어로 쓸 것 ③ 공중지원: air support

23

can

_____으로 '~할 수 있다', _____으로 '~일 수도 있다', _____으로 '~해도 된다'의 의미가 있다. 능력의 경우 be able to로 쓸 수도 있다.

_____

여기에서 밤에 많은 별들을 볼 수 있어.

_____

Anna가 한 번에 햄버거 세 개를 먹을 수 있을까?

Let's Walk! 빈칸에 알맞은 말을 쓰시오. (can, can't, be able to)

1 The rumors _____ be true.
그 소문들은 사실일 리가 없어.

2 John _____ run a mile in five minutes.
John은 5분 안에 1마일을 달릴 수 있다.

3 She _____ ride a horse backwards. Her horse hates it.
그녀는 말을 거꾸로 탈 수 있다. 그녀의 말은 그것을 싫어한다.

Let's Run! 다음 문장이 어법적으로 옳으면 T, 틀리면 F하고 틀린 부분을 고쳐 쓰시오.

4 A Can you do me a favor?   B Sure. What is it?   □ T □ F

5 Only Thor can picks up his hammer.   □ T □ F

6 That can't Ryan. He's in Manhattan now.   □ T □ F

Let's Jump! 다음 문장을 해석하시오.

7 A Can you drive me home this evening?
    B Sorry, but I can't. I have a date.

8 A Could you reconsider your judgement on the case?   B No, never.

9 "You can run as fast as lightning with your new powers."

Let's Fly! 다음 문장을 영작하시오.

10 다음 주어진 문장과 같은 뜻이 되도록 재배열 하시오.
가만히 좀 있을 수 없니?
(still, you, can't, stay)

11 다음 주어진 문장과 같은 뜻이 되도록 주어진 단어 중 필요한 것만 골라 재배열 하시오.
오늘 너하고 점심을 먹을 수 없어.
(am, have, you, with, lunch, today, able, be, will, to, won't, I)

12 다음 조건에 맞게 우리말을 영작하시오.
Ned는 이번학기에 장학금을 받을 수 있다.

① 어순, 어법에 맞는 문장으로 쓸 것 ② can을 제외한 단어를 쓸 것 ③ 9단어로 쓸 것

24

may

_____으로 '～일지도 모른다'라는 의미와 _____으로 '～해도 좋다'의 의미가 있다.

UNIT

_____

그것은 사실일지도 모른다.

_____

네 휴대폰을 써도 되니?

Let's Walk! 빈칸에 알맞은 말을 쓰시오. (may, may not)

1 Ma'am. You _____ park your car here.
그그 부인, 여기서 주차를 하시면 안 됩니다.

2 He's an excellent player. He _____ win the competition.
그는 훌륭한 선수예요. 아마 그 대회에서 이길 거예요.

3 The thief _____ be an employee in this company.
그 절도범은 이 회사의 직원일지도 모릅니다.

Let's Run! 다음 문장이 어법적으로 옳으면 T, 틀리면 F하고 틀린 부분을 고쳐 쓰시오.

4 A May I took you to dinner sometime?   B Yes, you can.   □ T □ F

5 That thing may not be a human.   □ T □ F

6 A May I came in now?   B Sorry, you can't.   □ T □ F

Let's Jump! 다음 문장을 해석하시오.

7 We may see the sunrise over Machu Picchu.

8 A May I give a biscuit to your bulldog?   B No, you may not.

9 She may not be able to call you back. She's busy.

Let's Fly! 다음 문장을 영작하시오.

10 다음 주어진 문장과 같은 뜻이 되도록 재배열 하시오.
그 바리스타는 제정신이 아닌가 봐.
(may, out of his mind, the barista, be)

11 다음 주어진 문장과 같은 뜻이 되도록 주어진 단어 중 필요한 것만 골라 재배열 하시오.
전기 자동차가 우리의 대기 오염에 대한 옳은 해결책이 아닐지도 모른다.
(air, an electric car, the right answer, for, may, our, not, do, to, be, pollution)

12 다음 조건에 맞게 우리말을 영작하시오.
넌 오늘 밤에 파티에 가도 된다. 하지만 30분마다 나에게 전화해야 한다.

① may를 활용하여 어법에 맞는 두 문장으로 쓸 것   ② 적절한 접속사로 두 문장을 연결할 것

25

UNIT

have to

의무로 '～해야 한다'라는 의미이고 _____ 와 같은 뜻이다. 단, 주어가 3인칭 단수면 _____ 를 쓴다.

_____

Sarah가 꽃에 물을 줘야만 한다.

_____

너는 토요일마다 학교에 가야하니?

Let's Walk! 빈칸에 알맞은 말을 쓰시오. (have, has, had)

1 Why did she _____ to leave me?
그녀는 왜 나를 떠나야 했나요?

2 "You _____ to keep this secret from everyone, even your mom."
"너는 이것을 모두에게 비밀로 해야 한다. 심지어 너의 엄마에게도."

3 Nancy _____ to carry her brother home.
Nancy는 남동생을 집으로 데려와야 한다

Let's Run! 다음 문장이 어법적으로 옳으면 T, 틀리면 F하고 틀린 부분을 고쳐 쓰시오.

4 I had to go now. ☐ T ☐ F

5 When do you had to pay your taxes? ☐ T ☐ F

6 Do you really have to wear those mountain clothes? ☐ T ☐ F

Let's Jump! 다음 문장을 해석하시오.

7 Mr. Castro had to hire expensive lawyers for his defense.

8 Charles got fired last month. He had to find another job.

9 The old man had to take the pills for three months.

Let's Fly! 다음 문장을 영작하시오.

10 다음 주어진 문장과 같은 뜻이 되도록 재배열 하시오.
모든 미소가 꼭 행복을 의미해야 할까요?
(mean, does, smile, have, happiness, every, to)

11 다음 주어진 문장과 같은 뜻이 되도록 주어진 단어 중 필요한 것만 골라 재배열 하시오.
그 범죄자는 2050년까지 감옥에 있어야 할 것이다.
(prison, 2050, has, in, until, the criminal, will, to, stay, have)

12 다음 조건에 맞게 우리말을 영작하시오.
너는 너의 어머니께 너의 점수를 보여드려야 해.

① 주어와 동사가 있는 문장으로 쓸 것 ② 주어와 동사의 수와 시제를 주의할 것 ③ 9단어로 쓰고 show(보여주다) 사용

26

UNIT

should

의무로 '~_____'라는 의미이다.

_____

우리는 그녀의 계획을 따라야 한다.

_____

길거리에 침을 뱉어서는 안 된다.

Let's Walk! 빈칸에 알맞은 말을 쓰시오. (should, shouldn't, ought to, ought not to)

1 You _____ cross at the crosswalk.
여러분은 횡단보도에서 건너야 합니다.

2 You _____ drive on the right in Jamaica.
너는 자메이카에서 오른쪽에서 운전하면 안 돼.

3 In group activities, you _____ follow your leader.
그룹활동에서는, 여러분은 지도자를 따라야 합니다.

Let's Run! 다음 문장이 어법적으로 옳으면 T, 틀리면 F하고 틀린 부분을 고쳐 쓰시오.

4 From now on, you shouldn't bully my little brother.   ☐ T ☐ F

5 Should I going now or later?   ☐ T ☐ F

6 A What should I do?   B You should will go see a doctor.   ☐ T ☐ F

Let's Jump! 다음 문장을 해석하시오.

7 We should respect the elderly.

8 Everybody is standing in line. You should not cut in line.

9 They should do something about this terrible bus service.

Let's Fly! 다음 문장을 영작하시오.

10 다음 주어진 문장과 같은 뜻이 되도록 재배열 하시오.
de Borg 씨는 그녀 자신의 마음의 평화를 위해 그녀의 아들을 용서해야 한다.
(Ms. de Borg, peace, mind, her, own, should, son, of, forgive, for, her)

11 다음 주어진 문장과 같은 뜻이 되도록 주어진 단어 중 필요한 것만 골라 재배열 하시오.
그녀를 위해 피자를 좀 남겨 놔야 할까?
(should, not, we, left, for, some, leave, pizza, her)

12 다음 조건에 맞게 우리말을 영작하시오.
우리 저 멋진 집 꼭 사야해!

① should를 이용할 것   ② 7단어로 쓸 것

27
UNIT

must

의무로 '~해야 한다'라는 의미와 강한 _____으로 '~임에 틀림없다'라는 의미가 있다.

_____

모든 학생들은 도서관에서 조용히 해야 한다.

_____

저 여성은 배우임에 틀림없다.

Let's Walk! 빈칸에 알맞은 말을 쓰시오. (must, must not)

1 You _____ be joking! Hahaha!
농담하고 계심에 틀림 없군요! 하하하!

2 Every student _____ wear a uniform in school.
모든 학생들은 학교 안에서는 교복을 입어야한다.

3 We _____ steal other people's money.
우리는 남의 돈을 훔쳐서는 안 된다.

Let's Run! 다음 문장이 어법적으로 옳으면 T, 틀리면 F하고 틀린 부분을 고쳐 쓰시오.

4 (yawning) I must taken a nap now. ☐ T ☐ F

5 I can't find my earrings. They must here somewhere. ☐ T ☐ F

6 A That boy must be Keanu. ☐ T ☐ F
   B He cannot be. He's in the PC café now.

Let's Jump! 다음 문장을 해석하시오.

7 Alfredo didn't eat anything all day. He must be hungry.

8 A Must I give my doll to my brother? B No, you don't have to.

9 A Mom, do I have to take out the garbage now? B Yes, you must do it now.

Let's Fly! 다음 문장을 영작하시오.

10 다음 주어진 문장과 같은 뜻이 되도록 재배열 하시오.
모든 승객들은 항상 안전벨트를 매야 합니다.
(at all times, wear, must, passenger, all, their seatbelts)

11 다음 주어진 문장과 같은 뜻이 되도록 주어진 단어 중 필요한 것만 골라 재배열 하시오.
그 이야기는 비현실적으로 들리지만, 사실임에 틀림없어.
(it, should, sounds, the story, do, but, unrealistic, be, must, true)

12 다음 조건에 맞게 우리말을 영작하시오.
코코넛오일은 천국의 재료임이 틀림없다.

① 적절한 조동사를 활용할 것 ② 7단어로 쓸 것 ③ 주어와 동사가 있는 완전한 문장으로 쓸 것

28

don't have to

불필요로 '_____'라는 의미이다. must not과 don't have to는 의미가 다르므로 구별해야 한다.

_____

너는 지금 그곳에 갈 필요가 없다.

_____

소라는 오늘 일을 끝마칠 필요가 없다.

Let's Walk! 빈칸에 알맞은 말을 쓰시오. (don't/doesn't/didn't have to)

1 You _____ bring your laptop.
  너는 노트북컴퓨터를 가져올 필요가 없어.

2 She _____ worry about her retirement.
  그녀는 은퇴에 대해 걱정하지 않았어도 됐어.

3 You _____ tidy up now. I'll do it later.
  너는 지금 치우지 않아도 돼. 내가 나중에 할게.

Let's Run! 다음 문장이 어법적으로 옳으면 T, 틀리면 F하고 틀린 부분을 고쳐 쓰시오.

4 Hooray! I don't have to do the laundry this week.　　　　　□ T □ F

5 "We doesn't have to let anyone else know about this, okay?"　　□ T □ F

6 Why don't she have to participate in the group work?　　　□ T □ F

Let's Jump! 다음 문장을 해석하시오.

7 Today is Sunday. You don't have to wake up early.

8 In ethics, questions don't always have to have only one correct answer.

9 He doesn't have to keep this secret anymore.

Let's Fly! 다음 문장을 영작하시오.

10 다음 주어진 문장과 같은 뜻이 되도록 재배열 하시오.
  네 실수 때문에 스스로 멍청하다고 느낄 필요는 없다.
  (your mistake, you, feel, for, have to, stupid, don't)

11 다음 주어진 문장과 같은 뜻이 되도록 주어진 단어 중 필요한 것만 골라 재배열 하시오.
  그는 너처럼 일할 필요가 없다.
  (don't, like, he, to, you, doesn't, have, do, work)

12 다음 조건에 맞게 우리말을 영작하시오.
  Sergey는 그녀에게 사과할 필요는 없었다.

  ① 어순에 맞는 문장으로 쓸 것 ② 주어와 동사의 시제와 수를 일치시킬 것 ③ have to를 활용할 것(7단어 이용)

29

to부정사의 명사적 용법

주어, _____ , 목적어로 쓰이며 '_____'으로 해석된다.

U N I T

_____

바다에서 수영하는 것은 매우 위험하다.

_____

그녀의 꿈은 세계적인 스케이트 선수가 되는 것이다.

_____

난 그녀의 문제를 해결하기를 원치 않는다.

Let's Walk! 빈칸에 알맞은 말을 쓰시오. (eat, open, take)

1 It isn't helpful _____ junk food at night.
밤에 정크푸드를 먹는 것은 도움이 되지 않는다.

2 Ling Ling planned _____ her own Chinese restaurant.
Ling Ling은 그녀만의 중국 음식점을 열려는 계획을 세웠다.

3 Ignacio's dream is _____ his century out of poverty.
Ignacio의 꿈은 그의 나라를 가난으로부터 건져내는 것이다.

Let's Run! 다음 문장이 어법적으로 옳으면 T, 틀리면 F하고 틀린 부분을 고쳐 쓰시오.

4 Andrew and Jake decided to keep this secret and answered "Yes!" ☐ T ☐ F

5 To keep your promise are to build your credit. ☐ T ☐ F

6 Drink water is good for your health. ☐ T ☐ F

Let's Jump! 다음 문장을 해석하시오.

7 To live with Josh is so terrible! He doesn't like to shower.

8 To improve is to change; to be perfect is to change often.

9 My wish is to build a city for children.

Let's Fly! 다음 문장을 영작하시오.

10 다음 주어진 문장과 같은 뜻이 되도록 재배열 하시오.
이 크루아상은 너무 단 것처럼 보인다. (seems, be, this, sweet, croissant, to, too)

11 다음 주어진 문장과 같은 뜻이 되도록 주어진 단어 중 필요한 것만 골라 재배열 하시오.
그는 비타민 A를 섭취할 필요가 있어. (vitamin A, needs, took, he, be, take, to)

12 다음 조건에 맞게 우리말을 영작하시오.
나는 지산 월드 락 페스티벌에 가고 싶다.

　　① to부정사를 적절히 활용할 것　② 주어가 동사가 존재하는 정문으로 쓸 것　③ 전치사 to를 적절히 활용할 것

30

의문사 + to부정사

주어, 보어, _____ 로 사용된다. what to부정사(_____ ~할지), which to부정사(어느 것을 ~할지),
_____ to부정사(어떻게 ~할지), when to부정사(언제 ~할지), where to부정사(어디에서 ~할지) 등이 있다.

난 무엇을 해야 할지 정말로 모르겠다.

보라는 피자를 어떻게 만드는 지를 배웠다.

Let's Walk! 빈칸에 알맞은 말을 쓰시오. (what, when, which, where, how)

1 I don't know _____ to say.
나는 뭐라고 말해야 할지 모르겠어.

2 Tony didn't ask us _____ to leave for Iceland.
Tony는 우리에게 언제 아이슬란드로 떠날지 묻지 않았다.

3 Christine never knows _____ to choose.
Christine은 항상 어느 것을 선택해야 할지 모른다.

Let's Run! 다음 문장이 어법적으로 옳으면 T, 틀리면 F하고 틀린 부분을 고쳐 쓰시오.

4 Would you tell me what color to paint this wall? ☐ T ☐ F

5 Professor Wang will teach us what to keep our desks clean. ☐ T ☐ F

6 Hilton wrote, "How car to drive to a summer wedding?" ☐ T ☐ F

Let's Jump! 다음 문장을 해석하시오.

7 The mouse was looking for where to hide.

8 Violetta is not sure whom to go to the gallery with.

9 Director Ramsey knew where to catch the suspect.

Let's Fly! 다음 문장을 영작하시오.

10 다음 주어진 문장과 같은 뜻이 되도록 재배열 하시오.
Mario는 잘 뛰는 방법을 모른다. (well, Mario, jump, doesn't, how, know, to)

11 다음 주어진 문장과 같은 뜻이 되도록 주어진 단어 중 필요한 것만 골라 재배열 하시오.
제 힘을 어떻게 사용할지 주의하겠어요. (powers, I, my, use, be, what, careful, to, how, about, will)

12 다음 조건에 맞게 우리말을 영작하시오.
그 소방관은 비상시 건물을 나가는 방법에 대해 설명했다.

① what, when, which, where, how 중 하나를 적절하게 사용할 것
② 주어와 동사가 존재하는 정문으로 쓸 것
③ 동사의 수와 시제에 주의할 것(11단어 이용)

31

to부정사의 형용사적 용법

명사나 대명사 _____ 에 와서 '~하는, ~할'의 의미이다. to부정사 뒤에 _____ 가 오는 경우도 있다.

U N I T

_____

먹을 것 좀 주세요.

_____

Kate는 앉을 의자를 원했다.

Let's Walk! 빈칸에 알맞은 말을 쓰시오. (lose, sit, play)

1 We have nothing _____.
우리는 잃을 것이 없다.

2 Don't we need more chairs _____ on?
우리가 앉을 의자들이 더 많이 필요하지 않니?

3 Mike bought a robot dog _____ with.
Mike는 함께 놀 로봇 강아지를 샀다.

Let's Run! 다음 문장이 어법적으로 옳으면 T, 틀리면 F하고 틀린 부분을 고쳐 쓰시오.

4 The ants found a place store their food. ☐ T ☐ F

5 Wow! This shop has a lot of items to buy. ☐ T ☐ F

6 Why don't we have something drink? ☐ T ☐ F

Let's Jump! 다음 문장을 해석하시오.

7 The executives of the resort had to find a way to solve their financial problems.

8 Hey, I have something serious to tell you.

9 This program has a lot of errors to fix.

Let's Fly! 다음 문장을 영작하시오.

10 다음 주어진 문장과 같은 뜻이 되도록 재배열 하시오.
Ricky는 함께 춤 출 파트너가 없다.
(with, doesn't, Ricky, any, to, have, dance, partner)

11 다음 주어진 문장과 같은 뜻이 되도록 주어진 단어 중 필요한 것만 골라 재배열 하시오.
미안하지만 더 이상 나눠드릴 빵이 없어요.
(to, we, is, share, any, out, are, bread, but, sorry, of, no)

12 다음 조건에 맞게 우리말을 영작하시오.
Isaac은 새로운 공부방을 받게 되어서 행복하다.

① to부정사를 적절하게 활용할 것 ② 전치사를 활용할 것 ③ 주어와 동사의 수와 시제를 일치시킬 것(11단어)

32

to부정사의 부사적 용법

_____ 을 나타내는 '~하기 위해', _____ 를 나타내는 '~해서', 결과를 나타내는 '~해서 …하다'와 형용사를 수식하는 '~하기에'의 의미로 쓰인다.

_____

그녀는 시험에 통과하기 위해 열심히 공부했다.

_____

너와 작별인사를 하게 되어서 슬프다.

Let's Walk! 빈칸에 알맞은 말을 쓰시오. (make, hear, play)

1 Nana went to Thailand _____ golf.
나나는 골프를 치기 위해 태국으로 갔다.

2 We need two more boys _____ a team.
우리는 팀을 만들기 위해 소년이 두 명 더 필요해.

3 Elizabeth was shocked _____ the rumor about her boyfriend.
Elizabeth는 그녀의 남자친구에 대한 소문을 듣고 충격을 받았다.

Let's Run! 다음 문장이 어법적으로 옳으면 T, 틀리면 F하고 틀린 부분을 고쳐 쓰시오.

4 They spoke quietly to not wake the children. □ T □ F

5 Jimmy's guitar playing is hard to copying. □ T □ F

6 Inpyo woke up to find he was suddenly very popular. □ T □ F

Let's Jump! 다음 문장을 해석하시오.

7 Everybody was surprised to see Ariana on the street.

8 Hanguel is not difficult to read and write.

9 The lonely crane lived to be 86 years old.

Let's Fly! 다음 문장을 영작하시오.

10 다음 주어진 문장과 같은 뜻이 되도록 재배열 하시오.
삼손은 그녀의 속임수를 알게 되어서 화가 났다.
(find, Samson, angry, got, to, her, deception)

11 다음 주어진 문장과 같은 뜻이 되도록 주어진 단어 중 필요한 것만 골라 재배열 하시오.
"10분을 달린 후에, 심장마비를 예방하기 위해서 너는 1분 동안 멈춰야 한다."
(for, heart attack, after, prevent, running, to, ten minutes, one minute, for, you, stop, to, have)

12 다음 조건에 맞게 우리말을 영작하시오.
왕가위는 자라서 유명한 영화 감독이 되었다.

① to부정사를 적절하게 활용할 것 ② 동사의 시제를 정확히 할 것 ③ 왕가위: Kar Wai Wong

33

동명사

동사 뒤에 -ing를 붙여 명사처럼 쓰인다. 문장에서 주어, 목적어, _____, _____의 목적어로 쓰이며 '~하는 것, ~하기'로 해석된다.

_____

당근을 먹는 것은 눈에 좋다.

_____

제 목숨을 구해 주셔서 감사합니다.

Let's Walk! 빈칸에 알맞은 말을 쓰시오. (find, talk, live)

1 _____ a parking space is quite difficult in this area.
주차 공간을 찾는 것은 이 지역에서 꽤나 어려워.

2 Your mistake was _____ too much in front of her.
너의 실수는 그녀 앞에서 말을 너무 많이 했다는 거야.

3 Laura dreams of _____ on a small island.
Laura는 작은 섬에 사는 꿈을 꾼다.

Let's Run! 다음 문장이 어법적으로 옳으면 T, 틀리면 F하고 틀린 부분을 고쳐 쓰시오.

4 After watch a plane crash, I avoid airplanes.　　　　☐ T ☐ F

5 Send roses is just a waste of time, buddy, because she's mine.　　　　☐ T ☐ F

6 The nurse doesn't mind working the night shift.　　　　☐ T ☐ F

Let's Jump! 다음 문장을 해석하시오.

7 Jogging 30 minutes a day is the secret to my youth.

8 Making fun of other people is not fun for them.

9 Mr. Nedialkov enjoys fishing on his yacht.

Let's Fly! 다음 문장을 영작하시오.

10 다음 주어진 문장과 같은 뜻이 되도록 재배열 하시오.
좋은 성적을 얻지 못하는 것은 너무 슬프다.
(sad, not, too, getting, is, a, grade, good)

11 다음 주어진 문장과 같은 뜻이 되도록 주어진 단어 중 필요한 것만 골라 재배열 하시오.
Mary와 Kate는 매 주말마다 등산하러 가는 것을 정말 좋아합니다.
(Mary and Kate, weekend, go, love, to, hiking, every, of, will)

12 다음 조건에 맞게 우리말을 영작하시오.
그녀의 초능력은 눈에 보이지 않게 되는 것이다.

①-ing를 적절히 활용할 것　②6단어로 쓸 것

34

UNIT

빈도부사

always(항상), usually(보통), sometimes(가끔), never(결코 ~ 아닌)처럼 빈도나 횟수를 나타내는 부사이다. 빈도부사는 조동사와 be동사의 _____, 일반동사의 _____에 위치한다.

_____

Sam의 방은 항상 지저분하다.

_____

지호는 주말에는 보통 늦게 일어난다.

Let's Walk! 빈칸에 알맞은 말을 쓰시오. (always, usually, often, sometimes, seldom)

1 Italian suits are _____ very expensive.
이탈리아 정장은 보통 매우 비싸다.

2 It _____ snows in Sydney.
시드니엔 좀처럼 눈이 오지 않는다.

3 What kind of music do you _____ listen to?
보통 어떤 종류의 음악을 들으시나요?

Let's Run! 다음 문장이 어법적으로 옳으면 T, 틀리면 F하고 틀린 부분을 고쳐 쓰시오.

4 My cute lizard eats usually yellow worms for breakfast.　　□ T □ F

5 During summer, the sun goes never down in the North Pole.　　□ T □ F

6 The temperature seldom drop below 0°C here.　　□ T □ F

Let's Jump! 다음 문장을 해석하시오.

7 Traveling abroad is always interesting.

8 You often make the mistake of calling me Mary.

9 Winners never quit and quitters never win.

Let's Fly! 다음 문장을 영작하시오.

10 다음 주어진 문장과 같은 뜻이 되도록 재배열 하시오.
그녀는 가끔 나를 멘붕시켜. (breakdown, in, puts, sometimes, she, me, mental)

11 다음 주어진 문장과 같은 뜻이 되도록 주어진 단어 중 필요한 것만 골라 재배열 하시오.
그 점을 너의 제1규칙으로 만들고, 항상 그 규칙을 지켜야 한다!
(it, never, stick, and, rule number one, make, you, is, should, it, always, your, to)

12 다음 조건에 맞게 우리말을 영작하시오.
그 블랙 컨슈머는 항상 서비스에 대해 불평한다.

> ① always, usually, often, sometimes, seldom 중 하나를 적절히 사용할 것
> ② 동사의 형태에 유의할 것
> ③ 주어와 동사가 존재하는 완전한 문장으로 쓸 것(9단어)

35
UNIT

원급의 비교

두 비교 대상이 정도가 _____ 때 사용한다. 「as ~ as ....」의 형태이고, '…만큼 ~한'이라는 의미이다.

_____

스키를 타는 것은 자전거 타는 것만큼 쉽다.

_____

2월은 1월만큼 춥다.

Let's Walk! 빈칸에 알맞은 말을 쓰시오. (deep, strong, fast)

1 This lake is _____ the ocean.
이 호수는 바다만큼이나 깊다.

2 Ken must be _____ Ryu.
Ken은 Ryu만큼이나 강하게 틀림없다.

3 We are late! You have to drive _____ you can.
우리 늦었어! 네가 할 수 있는 한 빠르게 운전해야 해.

Let's Run! 다음 문장이 어법적으로 옳으면 T, 틀리면 F하고 틀린 부분을 고쳐 쓰시오.

4 His voice sounds as better as the voice actor's. □ T □ F

5 "This rule is as important as not forgetting to breathe." □ T □ F

6 You are as youngest as you feel. □ T □ F

Let's Jump! 다음 문장을 해석하시오.

7 Bicycles can be as fast as automobiles in big cities.

8 My dad snores as loudly as my mom.

9 This little girl knows as much as a college student!

Let's Fly! 다음 문장을 영작하시오.

10 다음 주어진 문장과 같은 뜻이 되도록 재배열 하시오.
이 시계가 우리 삼촌 차만큼이나 비싸네!
(this, car, watch, my, as, uncle's, as, is, expensive)

11 다음 주어진 문장과 같은 뜻이 되도록 주어진 단어 중 필요한 것만 골라 재배열 하시오.
홍해는 저녁에 불만큼이나 붉다.
(the evening, on, as, red, fire, in, the Red Sea, is, as, so)

12 다음 조건에 맞게 우리말을 영작하시오.
그녀는 BoA만큼이나 힘있게 춤을 추니?

① as... as를 적절하게 사용할 것 ② 7단어로 쓸 것 ③ powerful을 바꾸어 활용할 것

36

UNIT

원급 비교의 부정

두 비교 대상이 정도가 같지 않음을 나타낸다. 「_____ + as[so] + 원급 + as ....」의 형태이고, '…만큼 ~하지 않은'이라는 의미이다.

_____

벌은 새만큼 크지 않다.

_____

Cindy의 성적은 내 성적만큼 좋지는 않다.

Let's Walk! 빈칸에 알맞은 말을 쓰시오. (smart, trendy, important)

1 You are _____ Kim Jeonil is.
  너는 김전일만큼 똑똑하지 않다.

2 Your mobile phone is _____ mine.
  너의 휴대폰은 나의 것만큼 최신 유행이 아니다.

3 "All the other things are _____ this rule."
  "다른 모든 것들은 이 규칙만큼 중요하지 않다."

Let's Run! 다음 문장이 어법적으로 옳으면 T, 틀리면 F하고 틀린 부분을 고쳐 쓰시오.

4 Japanese grammar is not as difficult as Chinese grammar.　　□ T □ F

5 In Korea, it is not as hotter during the summer as in Taiwan.　　□ T □ F

6 Living without money isn't as difficulter as living without love.　　□ T □ F

Let's Jump! 다음 문장을 해석하시오.

7 Mr. Lee doesn't have as many cars as Mansour does.

8 In the USA, the streets are not as narrow as in the UK.

9 The boy band is not as successful as BigBang.

Let's Fly! 다음 문장을 영작하시오.

10 다음 주어진 문장과 같은 뜻이 되도록 재배열 하시오.
  이 버스는 지하철 2호선만큼 붐비지 않는다.
  (this, isn't, crowded, as, subway line 2, as, bus)

11 다음 주어진 문장과 같은 뜻이 되도록 주어진 단어 중 필요한 것만 골라 재배열 하시오.
  너의 엄마는 우리 엄마만큼 엄격하지 않아.
  (my mom, isn't, as, doesn't, as, strict, your mom)

12 다음 조건에 맞게 우리말을 영작하시오.
  나는 Kenneth만큼 성실하지 않다.

  ① 어순에 맞는 문장으로 쓸 것   ② as ~ as를 적절히 활용할 것   ③ 주어와 동사가 있는 완전한 문장으로 쓸 것

37

비교급1: 규칙 변화

형용사나 부사에 '-er' 또는 '_____'를 붙인 비교급에 than을 붙여 두 대상 간의 우열을 나타낸다. 「형용사/부사의 비교급 + than ~」은 '~보다 …한'의 의미이다.

호주가 영국보다 더 크다.

쓰는 것이 읽는 것보다 더 어렵다.

Let's Walk! 빈칸에 알맞은 말을 쓰시오. (boring, useful, fancy)

1 The principal's speech is _____ than the radio news.
교장선생님의 연설은 라디오 뉴스보다 지루하다.

2 Are metals _____ than non-mentals?
금속이 비금속보다 더 중요하나요?

3 Her necklace is _____ than yours.
그녀의 목걸이가 네 것보다 더 화려하다

Let's Run! 다음 문장이 어법적으로 옳으면 T, 틀리면 F하고 틀린 부분을 고쳐 쓰시오.

4 Amy had a car accident last month. Now, she drives more careful than before.   □ T □ F

5 Jake said, "You should choose a more exciting name than Andrew if you're a superhero."   □ T □ F

6 Everyone is tall in the morning than in the evening.   □ T □ F

Let's Jump! 다음 문장을 해석하시오.

7 Is the Korean singer more popular in Mexico than in Korea?

8 The Pacific Ocean is deeper than the Arctic Ocean.

9 His house is larger than mine, yours, and your friend's.

Let's Fly! 다음 문장을 영작하시오.

10 다음 주어진 문장과 같은 뜻이 되도록 재배열 하시오.
건강은 시험 성적보다 더 중요하다.
(results, test, health, than, important, more, is)

11 다음 주어진 문장과 같은 뜻이 되도록 주어진 단어 중 필요한 것만 골라 재배열 하시오.
이집트는 스웨덴보다 훨씬 더 덥다.
(Sweden, hot, more, than, Egypt, is, hotter, much)

12 다음 조건에 맞게 우리말을 영작하시오.
사실, 나는 너보다 더 어려.

① 비교급을 적절히 활용할 것   ② 8단어로 쓸 것   ③ 주어와 동사의 수를 일치시킬 것

38

UNIT

비교급2: 불규칙 변화

'-er' 또는 '＿＿＿＿＿＿'를 붙이는 규칙적인 형태와 그렇지 않은 불규칙적인 것들이 있다.

어제 발렌시아가 레알 마드리드보다 경기를 더 못했다.

나는 어제보다 지금이 더 낫다.

Let's Walk! 빈칸에 알맞은 말을 쓰시오. (late, many, little)

1 He stayed at the cinema ＿＿＿＿＿＿ than you.
그는 너보다 더 늦게까지 극장에 머물렀다.

2 The squirrel gathered ＿＿＿＿＿＿ acorns than usual.
그 다람쥐는 평소보다 더 많은 도토리를 모았다.

3 He arrived here in ＿＿＿＿＿＿ than one hour.
그는 한 시간도 안 되서 여기에 도착했다.

Let's Run! 다음 문장이 어법적으로 옳으면 T, 틀리면 F하고 틀린 부분을 고쳐 쓰시오.

4 Unfortunately his health got more bad than before.　　　□ T □ F

5 Learning Chinese takes little time than learning English.　　　□ T □ F

6 "There will be less risk of compromising your secret if you have　　　□ T □ F
a new name and a new costume."

Let's Jump! 다음 문장을 해석하시오.

7 The situation will become worse than you can imagine.

8 Why do female migratory birds arrive later than males?

9 Kenshaw threw the ball farther than anyone else on the team.

Let's Fly! 다음 문장을 영작하시오.

10 다음 주어진 문장과 같은 뜻이 되도록 재배열 하시오.
아마 내가 너보다 더 좋은 생각이 있어.
(yours, perhaps, than, I, better, a, idea, have)

11 다음 주어진 문장과 같은 뜻이 되도록 주어진 단어 중 필요한 것만 골라 재배열 하시오.
빨리 이동하기 위해서는 버스보다 지하철이 더 낫다.
(quickly, travel, to, better, the bus, good, the subway, is, than, more)

12 다음 조건에 맞게 우리말을 영작하시오.
내 작품이 너의 것보다 나아.

① 비교급을 적절히 활용할 것　② 주어와 동사가 있는 완전한 문장으로 쓸 것　③ 대명사의 형태에 유의할 것

39

UNIT

Which[Who] is + 비교급, A or B?

선택 비교급으로 둘 중에서 _____를 고를 때 쓰는 표현이다. 'A와 B중에 누가(어느 것)이 더 ~하니?'라는 의미이다.

봄과 가을 중에 어느 것을 더 좋아하니?

Let's Walk! 빈칸에 알맞은 말을 쓰시오. (whose, who, which)

1 _____ car is faster, his or yours?
누구 차가 더 빠르니, 그의 것 아니면 네 것?

2 _____ was happier, the hare or the tortoise?
그 토끼와 그 거북이 중 누가 더 행복했을까?

3 _____ machine makes less noise, this one or that one?
어느 기계가 덜 시끄럽니, 이거 아니면 저거?

Let's Run! 다음 문장이 어법적으로 옳으면 T, 틀리면 F하고 틀린 부분을 고쳐 쓰시오.

4 Who do you want to see much, Michael or Jackson? □ T □ F

5 Whom did she spend much time with, Charlie or Jason? □ T □ F

6 Whose sons are diligenter, Anna's or Juliette's? □ T □ F

Let's Jump! 다음 문장을 해석하시오.

7 Who is a more talented singer, him or me?

8 Which book is more interesting, Harry Potter or your English textbook?

9 Which is more comfortable, lying on your back or lying face down?

Let's Fly! 다음 문장을 영작하시오.

10 다음 주어진 문장과 같은 뜻이 되도록 재배열 하시오.
너와 네 남동생 중 누가 더 일찍 일어났니?
(up, you, who, got, brother, earlier, or, your)

11 다음 주어진 문장과 같은 뜻이 되도록 주어진 단어 중 필요한 것만 골라 재배열 하시오.
"어느게 더 좋을까? Lightningman 아니면 Flashman?"
(is, better, who, which, or, good, Lightningman, Flashman)

12 다음 조건에 맞게 우리말을 영작하시오.
너의 엄마와 아빠 중 누가 더 크시니?

① 주어와 동사가 있는 완전한 문장으로 쓸 것. ② 7단어로 쓸 것 ③ 비교급을 사용할 것

40

감각동사 + 형용사

감각동사[look, feel, sound, smell, taste] 뒤에는 _____가 나오며 '~처럼[하게] …하다'로 해석한다.
_____를 쓰면 안 됨에 유의한다.

그 어린 소녀는 행복해 보였다.

네 이야기는 이상하게 들린다.

Let's Walk! 빈칸에 알맞은 말을 쓰시오. (smell, look, sound)

1 That dog _____ as tall as a horse.
저 개는 말 큼이나 커 보인다.

2 Doesn't this song _____ familiar?
이 노래 좀 친숙하게 들리지 않아?

3 The river under the bridge _____ worse in the summer.
다리 밑 그 강은 여름에 더 악취가 난다.

Let's Run! 다음 문장이 어법적으로 옳으면 T, 틀리면 F하고 틀린 부분을 고쳐 쓰시오.

4 Mommy! Today's breakfast tastes very well. ☐ T ☐ F

5 You know what? I just said hello to a stranger. He looked like you. ☐ T ☐ F

6 The silk scarf feels smoothly. ☐ T ☐ F

Let's Jump! 다음 문장을 해석하시오.

7 Without any curves, this bike road feels boring.

8 A Hey, witch. What are you smelling? B Hmm…. It smells like teen spirit.

9 Is this really strawberry juice? It tastes like raspberry.

Let's Fly! 다음 문장을 영작하시오.

10 다음 주어진 문장과 같은 뜻이 되도록 재배열 하시오.
나는 기분이 좋아, 아주 좋아.
(feel, so, good, I, good)

11 다음 주어진 문장과 같은 뜻이 되도록 주어진 단어 중 필요한 것만 골라 재배열 하시오.
당신은 슬퍼 보여요. 괜찮아요?
(look, sadly, you, are, okay, sad, is, you)

12 다음 조건에 맞게 우리말을 영작하시오.
그 국수는 냄새가 너무 고약해서 나는 그것을 먹을 수 없었다.

① 주어와 동사가 있는 완전한 문장으로 쓸 것 ② 10단어로 쓸 것 ③ 접속사 and와 감각동사를 사용할 것

41

UNIT

수여동사1 : 4형식 형태

「수여동사 + _____(사람) + _____(사물)」의 형태로 '~에게 …를 해주다'로 해석된다.

Ivan이 Sally에게 결혼 반지를 주었다.

Jenny는 내게 그녀의 새 카메라를 보여주었다.

Let's Walk! 빈칸에 알맞은 말을 쓰시오. (write, buy, show)

1 Haruki doesn't _____ me love letters anymore.
Haruki는 더 이상 나에게 사랑편지를 쓰지 않는다.

2 She didn't _____ the policeman her driver's license.
그녀는 경찰관에게 그녀의 운전 면허증을 보여주지 않았다.

3 Friends _____ you food. Best friends eat your food
친구는 너에게 음식을 사 준다. 가장 친한 친구는 너의 음식을 먹어준다.

Let's Run! 다음 문장이 어법적으로 옳으면 T, 틀리면 F하고 틀린 부분을 고쳐 쓰시오.

4 They got a wallet me, but I didn't like it.   ☐ T ☐ F

5 Great students ask the most basic questions their teachers.   ☐ T ☐ F

6 The prince built the princess a cute castle.   ☐ T ☐ F

Let's Jump! 다음 문장을 해석하시오.

7 Jon, I lost my glasses. Will you read me the newspaper?

8 Ashley cooked her husband roast beef.

9 The old man doesn't sell passersby umbrellas on sunny days.

Let's Fly! 다음 문장을 영작하시오.

10 다음 주어진 문장과 같은 뜻이 되도록 재배열 하시오.
닌자가 너에게 가라데를 가르쳐 줬니?
(ninja, you, karate, teach, did, a)

11 다음 주어진 문장과 같은 뜻이 되도록 주어진 단어 중 필요한 것만 골라 재배열 하시오.
그 신이 말했다, "너에게 Flashman이라는 이름을 주겠노라."
(said, will, you, buy, name, the, Flashman, the, of, your, God, I, give)

12 다음 조건에 맞게 우리말을 영작하시오.
Susan B. Anthony는 미국 여성들에게 투표할 권리를 가져다주었다.

① 주어와 동사가 있는 완전한 문장으로 쓸 것   ② 간접목적어와 직접목적어 형태로 쓸 것   ③ 이름을 제외하고 7단어로 쓸 것

42

수여동사2: 3형식 전환 형태

수여동사는 3형식 문장으로 바꿀 수 있다. 「주어 + 동사 + _____ + to/for/of + _____ ~」의 형태이다.

_____

Cindy는 감사쪽지를 Brian에게 보냈다.

_____

나는 부모님께 카드를 만들어 드릴 것이다.

Let's Walk! 빈칸에 알맞은 말을 쓰시오. (to, for, of)

1 Brian cooked ramen _____ his mom.
Brian은 그의 엄마를 위해 라면을 요리했다.

2 Can I ask a favor _____ you?
호의를 부탁해도 될까요?

3 The satellite sent a strange signal _____ the base.
그 인공위성은 본부에 이상한 신호를 보냈다.

Let's Run! 다음 문장이 어법적으로 옳으면 T, 틀리면 F하고 틀린 부분을 고쳐 쓰시오.

4 Tarzan made some clothes of Jane.   □ T □ F

5 Jennifer finally gave me to it.   □ T □ F

6 I lent the book to him for his midterm exam.   □ T □ F

Let's Jump! 다음 문장을 해석하시오.

7 Can you please pass the soy sauce to me?

8 My brother is building a playhouse for the kids.

9 Stupid students don't ask any questions of their teachers.

Let's Fly! 다음 문장을 영작하시오.

10 다음 주어진 문장과 같은 뜻이 되도록 재배열 하시오.
그는 그녀에게 아름다운 머리핀을 주었다.
(gave, hairpin, a, beautiful, he, to, her)

11 다음 주어진 문장과 같은 뜻이 되도록 주어진 단어 중 필요한 것만 골라 재배열 하시오.
연서는 노인들을 위해 김밥을 만든다.
(elderly, for, *gimbap*, makes, of, people, Yeonseo)

12 다음 조건에 맞게 우리말을 영작하시오.
그 소녀는 그녀의 트로피를 나에게 보여주었다.

① 주어와 동사가 있는 완전한 문장으로 쓸 것   ② 7단어로 쓸 것   ③ 전치사를 사용할 것

43

5형식 동사(make) + 목적어 + 명사/형용사

「주어 + 동사 + 목적어 + _____ [명사/형용사]」의 형태로, '주어는 목적어를 보어로[하게] 하다'로 해석한다.

Simon은 세상을 더 좋은 곳으로 만들 것이다.

그의 사랑은 Cindy를 행복하게 한다.

Let's Walk! 빈칸에 알맞은 말을 쓰시오. (nervous, wise, dull)

1 Education makes people _____.
교육이 사람들을 현명하게 만든다.

2 All work and no play makes Jack a _____ boy.
일만 하고 놀지 않는 것은 Jack을 바보로 만든다.

3 The gunshots made the refugees _____.
총소리가 피난민들을 불안하게 했다.

Let's Run! 다음 문장이 어법적으로 옳으면 T, 틀리면 F하고 틀린 부분을 고쳐 쓰시오.

4 She made her son a dentist. ☐ T ☐ F

5 The cook always makes his guests happily. ☐ T ☐ F

6 The world made me a loser. ☐ T ☐ F

Let's Jump! 다음 문장을 해석하시오.

7 The moment made him more awkward.

8 Nancy came in second place. It'll make her mom disappointed.

9 The difficulties made the boys very strong and inventive.

Let's Fly! 다음 문장을 영작하시오.

10 다음 주어진 문장과 같은 뜻이 되도록 재배열 하시오.
무엇이 너를 속상하게 만들었니?
(you, made, upset, what)

11 다음 주어진 문장과 같은 뜻이 되도록 주어진 단어 중 필요한 것만 골라 재배열 하시오.
이제 나는 나 자신을 눈에 보이지 않게 만들고 너희들을 돌봐주겠다.
(I, invisible, watch, me, and, you, over, make, will, myself, now)

12 다음 조건에 맞게 우리말을 영작하시오.
날 믿어. 나는 너를 십대들 사이에서 유명하게 만들 거야.

① 주어와 동사가 있는 완전한 문장으로 쓸 것 ② 2 문장과 9단어로 쓸 것 ③ will과 make를 사용할 것

44

UNIT

시간을 나타내는 전치사

전치사란 명사나 대명사 앞에 놓여 명사나 대명사와의 관계를 나타내는 것이다. 시간을 나타낼 때에는 _____ (~에), during(_____), after(_____)와 같은 시간 전치사를 사용한다.

_____

난 아침 6시에 일어난다.

_____

진아는 토요일마다 바이올린 수업을 듣는다.

Let's Walk! 빈칸에 알맞은 말을 쓰시오. (for, on, in)

1 My birthday is _____ February.
내 생일은 2월에 있어.

2 The garbage truck comes _____ Wednesdays.
쓰레기차는 매주 수요일에 온다.

3 The British and Irish quarrelled _____ seven centuries.
영국인들과 아일랜드인들은 7세기 동안 싸웠다.

Let's Run! 다음 문장이 어법적으로 옳으면 T, 틀리면 F하고 틀린 부분을 고쳐 쓰시오.

4 General Hwang waited here to 1,000 years for her.　　　□ T □ F

5 A When will the musical start?　B The show will start in 7:00 p.m.　□ T □ F

6 A When is the camping trip?　B It is at next Friday.　　□ T □ F

Let's Jump! 다음 문장을 해석하시오.

7 Sandra will come back before sunset.

8 A Cathy, you are late again.　B No, I got here at 9:00 a.m.

9 Sebin will learn Samba in Brazil during summer vacation.

Let's Fly! 다음 문장을 영작하시오.

10 다음 주어진 문장과 같은 뜻이 되도록 재배열 하시오.
그들은 폭풍이 치는 동안 실내에서 머물렀다.
(stayed, during, storm, they, indoors, the)

11 다음 주어진 문장과 같은 뜻이 되도록 주어진 단어 중 필요한 것만 골라 재배열 하시오.
바로 그 순간, 내공의 신이 사라졌다!
(the, that, of, on, power, disappeared, at, in, moment, God, inner)

12 다음 조건에 맞게 우리말을 영작하시오.
그는 보통 샤워 후에 자러 간다.

① 주어와 동사가 있는 완전한 문장으로 쓸 것　② 9단어로 쓸 것　③ 빈도부사와 전치사를 사용할 것

45

UNIT

장소·위치를 나타내는 전치사

전치사란 명사나 대명사 앞에 놓여 명사나 대명사와의 관계를 나타내는 것이다. 장소나 위치의 관계를 나타낼 때에는
_____ (~ 안에), _____ (~ 위에), near(_____)와 같은 장소·위치 전치사를 사용한다.

Peter는 버스 정류장에서 버스를 기다리고 있는 중이다.

너는 정원에서 걷는 것을 좋아하니?

그녀는 그 건물 앞에 있는 분수를 그리고 있는 중이다.

Cindy는 그 빵집 옆에 있는 카페를 좋아한다.

Let's Walk! 빈칸에 알맞은 말을 쓰시오. (near, by, in, above)

1 A Where is your car?   B It is _____ the garage.
A: 네 차 어디에 있니?   B: 그것은 차고 안에 있어

2 The most helpful friend is always _____ you.
가장 도움이 되는 친구는 항상 당신 근처에 있다.

3 I just picked up these coins _____ the vending machine!
나 방금 저 자동판매기 옆에서 이 동전들을 주웠다!

Let's Run! 다음 문장이 어법적으로 옳으면 T, 틀리면 F하고 틀린 부분을 고쳐 쓰시오.

4 Ann stood behind a tall guy in a long line.   □ T □ F

5 This painting stands out to the entries.   □ T □ F

6 Rachel saw a spider in the ceiling.   □ T □ F

Let's Jump! 다음 문장을 해석하시오.

7 A deer is lying in front of a lion.

8 This is just between you and me. Don't tell anybody.

9 The missing doll was under the table.

Let's Fly! 다음 문장을 영작하시오.

10 다음 주어진 문장과 같은 뜻이 되도록 재배열 하시오.
저 이번 정류장에서 내려요. (off, this, get, I, stop, at)

11 다음 주어진 문장과 같은 뜻이 되도록 주어진 단어 중 필요한 것만 골라 재배열 하시오.
이 바닥 바로 밑에는 물탱크가 있어. (a, tank, the, there, are, water, floor, is, beneath)

12 다음 조건에 맞게 우리말을 영작하시오.
십대들은 거울 앞에서 그들의 여드름을 짠다. ① 전치사를 사용할 것 ② 9단어로 쓸 것 ③ squeeze 단어를 사용할 것

46

방향을 나타내는 전치사

전치사란 명사나 대명사 앞에 놓여 명사나 대명사와의 관계를 나타내는 것이다. 방향을 나타낼 때에는 _____ (~ 부터), to(_____), for(~을 향해)와 같은 방향의 전치사를 사용한다.

서울에서 부산까지 얼마나 머니?

Let's Walk! 빈칸에 알맞은 말을 쓰시오. (up, from, into)

1 This train came _____ Barcelona.
이 기차는 바르셀로나에서 왔다.

2 Some heavy fog moved _____ the city.
강한 안개가 도시로 이동했다.

3 Vivian is going _____ the escalator.
Vivian은 에스컬레이터를 타고 위로 올라가고 있다.

Let's Run! 다음 문장이 어법적으로 옳으면 T, 틀리면 F하고 틀린 부분을 고쳐 쓰시오.

4 Vincent goes for the cathedral every Saturday.   ☐ T ☐ F

5 You can see the bridge from the airport.   ☐ T ☐ F

6 He climbed up the highest mountain in this country.   ☐ T ☐ F

Let's Jump! 다음 문장을 해석하시오.

7 That horse must be tired. He is coming from the Far Far Away Kingdom.

8 The fire will spread here soon. We have to get out of here immediately!

9 A Hey, Rachel! Where are you going?   B I'm going to the last dungeon.

Let's Fly! 다음 문장을 영작하시오.

10 다음 주어진 문장과 같은 뜻이 되도록 재배열 하시오.
우리는 사원에 가기 위해 많은 계단을 올라가야 한다.
(we, walk, a, of, to, stairs, get, to, the, have, temple, up, lot, to)

11 다음 주어진 문장과 같은 뜻이 되도록 주어진 단어 중 필요한 것만 골라 재배열 하시오.
그때, 갑자기 화재경보가 체육관으로부터 울렸다.
(a, fire, rang, for, the, then, gym, from, into, suddenly, alarm)

12 다음 조건에 맞게 우리말을 영작하시오.
Mary와 그녀의 남편은 전주에 있는 새 집으로 이사할 것이다.

① 주어와 동사가 있는 완전한 문장으로 쓸 것   ② 12단어로 쓸 것   ③ 방향을 나타내는 전치사를 사용할 것

47

and / but / or / so

의미상 대등한 단어, _____, _____ 을 연결한다.

우리는 감자칩과 햄버거를 먹었다.

그 티셔츠는 매우 비싸지만, 난 그것을 샀다.

Let's Walk! 빈칸에 알맞은 말을 쓰시오. (but, and, or)

1 We can go to the beach _____ to the mountain. Both are fine.
우리는 해변이든, 산이든 갈 수 있어요. 둘 다 좋아요.

2 I like sugar in my tea, _____ I don't like milk in it.
내 차에 설탕을 넣는 건 좋지만, 우유를 넣는 건 싫어요.

3 The kids painted pictures, played games, _____ had a water fight.
그 아이들은 그림을 그리고, 게임을 하고 물싸움을 했다.

Let's Run! 다음 문장이 어법적으로 옳으면 T, 틀리면 F하고 틀린 부분을 고쳐 쓰시오.

4 Teacher Your son is diligent, and not smart. □ T □ F

5 Raymond is funny, or everybody loves him. □ T □ F

6 Keith has a terrible toothache or he doesn't want to see a dentist. □ T □ F

Let's Jump! 다음 문장을 해석하시오.

7 God couldn't be everywhere, so he created mothers.

8 Men never remember, but women never forget.

9 A I ran with amazing speed, but I missed the bus! B Sorry to hear that.

Let's Fly! 다음 문장을 영작하시오.

10 다음 주어진 문장과 같은 뜻이 되도록 재배열 하시오.
이 답들이 맞나요 아니면 틀리나요?
(or, right, these, answers, wrong, are)

11 다음 주어진 문장과 같은 뜻이 되도록 주어진 단어 중 필요한 것만 골라 재배열 하시오.
거대한 연기가 치솟아 오르고 학생들은 비명을 지르고 있었다.
(students, were, rising, but, smoke, cloud, into, a, huge, was, and, inside, the, screaming)

12 다음 조건에 맞게 우리말을 영작하시오.
그는 빠르고 정확하게 일한다.

① 주어와 동사가 있는 완전한 문장으로 쓸 것   ② 5단어로 쓸 것   ③ 접속사를 사용할 것

48

because vs. because of

because는 '~때문에'라는 이유를 의미하는 부사절 _____ 이고, because of는 의미는 같지만 _____ 이다.

_____

난 너무 바빠서 지금 너를 도울 수 없다.

_____

미안해! 교통이 막혀서 늦었어.

Let's Walk! 빈칸에 알맞은 말을 쓰시오. (because, because of)

1 I'm sick _____ the flu.
   나는 독감으로 인해 아프다.

2 I lost the game _____ the pain in my ankle.
   나는 발목의 통증 때문에 경기에서 졌다.

3 Mr. McCartney took lots of pictures of his wife _____ he loved her smile.
   McCartney 씨는 그의 부인의 많은 사진을 찍었는데 그녀의 미소를 사랑했기 때문이다.

Let's Run! 다음 문장이 어법적으로 옳으면 T, 틀리면 F하고 틀린 부분을 고쳐 쓰시오.

4 Samuel couldn't run fast because his old age.   □ T □ F

5 We couldn't sleep well because of the record-breaking heat.   □ T □ F

6 She loves chocolate because of it's sweet.   □ T □ F

Let's Jump! 다음 문장을 해석하시오.

7 Cathy doesn't like dogs because she has allergies.

8 Nowadays, teenagers become obese because they prefer fast food.

9 Marthe didn't invite Peter because he was rude.

Let's Fly! 다음 문장을 영작하시오.

10 다음 주어진 문장과 같은 뜻이 되도록 재배열 하시오.
    우리는 함께 있기에 행복하다.
    (because, we, happy, are, together, are, we)

11 다음 주어진 문장과 같은 뜻이 되도록 주어진 단어 중 필요한 것만 골라 재배열 하시오.
    심한 폭풍우 때문에 그들은 일을 멈춰야 했다.
    (had to, they, working, stop, because of, because, the heavy storm)

12 다음 조건에 맞게 우리말을 영작하시오.
    그 식당은 경기 불황 때문에 문을 닫았다.

    ① 주어와 동사가 있는 완전한 문장으로 쓸 것 ② 8단어로 쓸 것 ③ '경기 불황'이라는 'recession' 단어를 사용할 것

49

UNIT

before / after

부사절 접속사로 before는 '~_____에'이고, after는 '~_____에'이다.

_____

행동하기 전에 주의 깊게 생각하라.

_____

해가 뜬 후에 날씨가 화창해질 것이다.

Let's Walk! 빈칸에 알맞은 말을 쓰시오. (after, before)

1 _____ Peggy has dinner, she always feeds her dog.
Peggy는 저녁 먹기 전에, 항상 그녀의 강아지에게 먹이를 준다.

2 _____ I read your e-mail, I'll write you back.
네 이메일을 읽고 나서 너에게 답장을 쓸게.

3 You should turn the lights off _____ you leave the room.
너는 방을 나가기 전에 전등들을 꺼야 해.

Let's Run! 다음 문장이 어법적으로 옳으면 T, 틀리면 F하고 틀린 부분을 고쳐 쓰시오.

4 I wash my face before I will brush my teeth. ☐ T ☐ F

5 I'll text you after I arrive in Rio de Janeiro. ☐ T ☐ F

6 After you enter someone's house in Korea, you have to take off your shoes. ☐ T ☐ F

Let's Jump! 다음 문장을 해석하시오.

7 A Someone posted spam on your Facebook.
B Really? I should delete it before anyone sees it.

8 I'd like to stop by a restroom before we hit the road.

9 After you get married, reality comes before romance.

Let's Fly! 다음 문장을 영작하시오.

10 다음 주어진 문장과 같은 뜻이 되도록 재배열 하시오.
커피를 마신 후에, 내 두통이 멈췄다.
(coffee, headache, drank, I, stopped, after, my)

11 다음 주어진 문장과 같은 뜻이 되도록 주어진 단어 중 필요한 것만 골라 재배열 하시오.
규로는 식사하기 전에 심하게 운동하는 것을 좋아한다.
(loves to, after, he, Gyuro, exercise, has, a meal, before, hard)

12 다음 우리말을 영작하시오.
나의 아빠는 언제나 해가 진 후에 집에 오신다.

50

when

부사절 접속사로 '~_____'라는 의미이다.

난 어렸을 때, 가수가 되고 싶었다.

한가할 때, 방문할게.

Let's Walk! 빈칸에 알맞은 말을 쓰시오. (when, in)

1 We were eating dinner _____ the volcano erupted.
화산이 폭발했을 때 우리는 저녁을 먹고 있었다.

2 A I couldn't believe my eyes when I saw snow _____ June.
B It's common in Australia.
A: 6월에 눈오는 것을 보았을 때 나는 내 눈을 믿을 수 없었어.   B: 호주에선 흔해.

3 A Alfredo speaks Chinese fluently, right?
B Yes, his family moved to China _____ he was born.
A: Alfredo는 중국어를 유창하게 하더라. 맞지?   B: 응, 그가 태어났을 때, 가족이 중국으로 이사했어.

Let's Run! 다음 문장이 어법적으로 옳으면 T, 틀리면 F하고 틀린 부분을 고쳐 쓰시오.

4 Police Where were you when your neighbor screamed?　　□ T □ F

5 I had many problems which I was in the sixth grade.　　□ T □ F

6 When I was really lonely, you were the only person beside me.　　□ T □ F

Let's Jump! 다음 문장을 해석하시오.

7 When Karen visited her grandmother, she was playing cards.

8 Don't forget to visit Santa Claus Village when you go to Finland.

9 When the fire spread faster than they could remove the wood, they couldn't help giving up hope.

Let's Fly! 다음 문장을 영작하시오.

10 다음 주어진 문장과 같은 뜻이 되도록 재배열 하시오.
나는 자라서 과학자가 될 거야.
(a, when, I, I, up, grow, will, scientist, be)

11 다음 주어진 문장과 같은 뜻이 되도록 주어진 단어 중 필요한 것만 골라 재배열 하시오.
소방관이 도착하면, 그들은 희생자들을 구할 것이다.
(they, victims, when, the, arrive, will, fireman, save, the, before)

12 다음 우리말을 영작하시오.
내가 나이가 들면, 나는 내 고향으로 돌아갈 것이다.

51

비인칭 주어 it

날씨, 날짜, 거리, 시간, 요일, 계절, 상황 등을 나타낼 때 사용하며 _____ 은 하지 않는다.

A: 지금 몇 시니? B: 8시 45분이야.

A: 여기서 그 가게까지 얼마나 머니? B: 약 10km야.

Let's Walk! 빈칸에 알맞은 말을 쓰시오. (it, they, that)

1 Beware! _____ is Friday the thirteenth today.
조심해. 오늘은 13일의 금요일이야.

2 _____'s already September.
벌써 9월이야.

3 _____ is 633 kilometers from Incheon to Busan by bicycle.
인천에서 부산까지 자전거로 633km이다.

Let's Run! 다음 문장이 어법적으로 옳으면 T, 틀리면 F하고 틀린 부분을 고쳐 쓰시오.

4 A How long does that take from Boston to New York? ☐ T ☐ F
   B That takes about four hours by car.

5 Are you coming home? It's getting dark outside.   ☐ T ☐ F

6 When it rains, it pours.   ☐ T ☐ F

Let's Jump! 다음 문장을 해석하시오.

7 A Mom, when is Grandma's birthday?   B Oh my gosh… It was yesterday!

8 A What day is it?   B It's already Thursday.

9 It won't be long now. We are just two kilometers from our destination.

Let's Fly! 다음 문장을 영작하시오.

10 다음 주어진 문장과 같은 뜻이 되도록 재배열 하시오.
    내일 비가 올 것이므로 나는 스쿠터를 타고 학교에 가지 않을 것이다.
    (rain, so, take, tomorrow, scooter, my, it, to, will, I, school, won't)

11 다음 주어진 문장과 같은 뜻이 되도록 주어진 단어 중 필요한 것만 골라 재배열 하시오.
    소방서에 전화를 걸기에는 너무 늦었다.
    (the, late, was, that, call, early, department, it, too, to, fire)

12 다음 조건에 맞게 우리말을 영작하시오.
    내가 사무실을 떠났을 때는 밖은 여전히 밝았다.

    ① 주어와 동사가 있는 완전한 문장으로 쓸 것 ② 대명사와 접속사를 이용할 것(10단어)

52

There is[are] ~ 구문

「There is[are] + 주어 ~」는 '~가 있다'라는 표현으로 주어가 단수면 _____, 복수면 _____를 쓴다.

냉장고에 우유가 있다.

서울에는 볼만한 명소들이 있다.

Let's Walk! 빈칸에 알맞은 말을 쓰시오. (There are, There was, There is)

1 _____ nothing to be afraid of.
무서워 할 건 하나도 없다.

2 _____ three small cavities in your mouth.
당신의 입 안에 작은 충치가 세 개 있습니다.

3 _____ a legendary evil dragon in this village.
이 마을에는 전설적인 사악한 용이 있었어.

Let's Run! 다음 문장이 어법적으로 옳으면 T, 틀리면 F하고 틀린 부분을 고쳐 쓰시오.

4 Are you a centipede? There is so many shoes here!　　□ T □ F

5 Yesterday there was the semifinal match, and there will be the final tomorrow.　□ T □ F

6 Help! There is a snake underneath my shoe!　　□ T □ F

Let's Jump! 다음 문장을 해석하시오.

7 There is a girl with a shining sword on the hill.

8 Look! There are two little green men and a flying saucer there!

9 A Please tell me a fairy tale.
　　B Once there was a princess. One day, a prince came to her. They lived happily ever after.

Let's Fly! 다음 문장을 영작하시오.

10 다음 주어진 문장과 같은 뜻이 되도록 재배열 하시오.
너에게 보여줄 게 있어.
(is, to, you, show, something, there)

11 다음 주어진 문장과 같은 뜻이 되도록 주어진 단어 중 필요한 것만 골라 재배열 하시오.
오후에 심각한 회의가 있을 겁니다.
(be, serious, that, meeting, the, in, there, afternoon, will, a, is)

12 다음 조건에 맞게 우리말을 영작하시오.
우리 뒤에 경찰차가 있었어요.

① 주어와 동사가 있는 완전한 문장으로 쓸 것　② there를 이용하여 7단어로 쓸 것

53

There is[are] not ~

There is[are] ~ 구문의 부정문은 「There is[are] + _____ + _____ ~.」로 나타낸다.

_____

내 방에는 컴퓨터가 없다.

_____

공항에 사람들이 많이 없다.

Let's Walk! 빈칸에 알맞은 말을 쓰시오. (There isn't, There aren't, There is)

1 _____ much to say.
할 말이 별로 없다.

2 _____ many followers of my Instagram.
내 인스타그램에는 팔로워가 별로 없다.

3 My twin sister takes it all. _____ nothing for me here in this world.
내 쌍둥이 여동생이 모든 걸 다 가져가요. 여기 이 세상에 나를 위한 것은 아무것도 없어요.

Let's Run! 다음 문장이 어법적으로 옳으면 T, 틀리면 F하고 틀린 부분을 고쳐 쓰시오.

4 There isn't any secrets between me and my friend. ☐ T ☐ F

5 There are not any interesting places near my house. ☐ T ☐ F

6 There isn't couples in the library today. ☐ T ☐ F

Let's Jump! 다음 문장을 해석하시오.

7 There is no free lunch.

8 There wasn't any other way to save the students in time.

9 There won't be many people on the street on New Year's Day morning.

Let's Fly! 다음 문장을 영작하시오.

10 다음 주어진 문장과 같은 뜻이 되도록 재배열 하시오.
요즈음 대가족은 그리 많지 않다.
(not, extended, these, there, days, are, many, families)

11 다음 주어진 문장과 같은 뜻이 되도록 주어진 단어 중 필요한 것만 골라 재배열 하시오.
가게에 내가 가장 좋아하는 운동화가 없다.
(aren't, sneakers, the, on, there, isn't, my, shop, favorite, in)

12 다음 조건에 맞게 우리말을 영작하시오.
이 디지털카메라를 살 수 있는 또 다른 기회는 없을 겁니다.

① 주어와 동사가 있는 완전한 문장으로 쓸 것 ② 11단어로 쓸 것 ③ there를 이용하여 쓸 것

54

Is[Are] there ~?

There is[are] ~ 구문의 의문문은 「Is[Are] + _____ + _____ ~?」로 나타낸다.

이 근처에 중학교가 있니?

_____

그 동물원에 사자들이 많이 있니?

Let's Walk! 빈칸에 알맞은 말을 쓰시오. (was, are)

1 _____ there life on Mars?
   화성 위에 생명체가 있었나요?

2 How many pages _____ there in this book?
   이 책은 몇 페이지가 있니?

3 A How many rooms _____ there in your house?
   B Hmm... There are too many to count.
   A : 너희 집에 방이 몇 개니?   B: 음… 너무 많아서 셀 수가 없다.

Let's Run! 다음 문장이 어법적으로 옳으면 T, 틀리면 F하고 틀린 부분을 고쳐 쓰시오.

4 A Are there a well in your garden?   B No, there isn't.   □ T □ F

5 A Are there anyone to chat with me?   □ T □ F

6 A Are there tigers in Africa?   □ T □ F
   B No, there are no wild tigers in Africa.

Let's Jump! 다음 문장을 해석하시오.

7 Your room is like a trash bin. Isn't there anything to throw out?

8 People suddenly shouted, "Is there some kind of magic happening? Why is the fire disappearing?"

9 Was there an earthquake this morning? I felt the ground shaking.

Let's Fly! 다음 문장을 영작하시오.

10 다음 주어진 문장과 같은 뜻이 되도록 재배열 하시오.
    경찰관님, 무슨 문제라도 있나요?
    (officer, any, there, is, problem)

11 다음 주어진 문장과 같은 뜻이 되도록 주어진 단어 중 필요한 것만 골라 재배열 하시오.
    그 위에 누구 있어요?
    (up, is, are, anyone, there, there)

12 다음 조건에 맞게 우리말을 영작하시오.
    10월 17일에 세 명을 위한 방이 있나요?

    ① 주어와 동사가 있는 완전한 문장으로 쓸 것   ② 9단어로 쓸 것

55

명령문

주어는 _____ 하고 _____ 으로 나타내며 문장 앞 뒤에 _____ 를 붙이기도 한다.

다음 골목에서 오른쪽으로 돌아라.

사과를 반으로 잘라라.

Let's Walk! 빈칸에 알맞은 말을 쓰시오. (be, say, pay)

1 _____ on time, please!
시간을 잘 지켜 주세요!

2 _____ attention to me. I'm talking.
나에게 집중하세요. 내가 얘기하고 있잖아요.

3 Super Star: _____ Ho~ ♪, say Ho, Ho, Ho ♪ Make some noise!
슈퍼스타: "호"라고 말해요, "호, 호"라고 말해요, 소리질러!

Let's Run! 다음 문장이 어법적으로 옳으면 T, 틀리면 F하고 틀린 부분을 고쳐 쓰시오.

4 A How do I get to the post office? ☐ T ☐ F
   B Going straight and then turn left. You can't miss it.

5 To begin harvesting rice tomorrow morning. ☐ T ☐ F

6 Come on, Paul! Hit the ball out of the park! Make it a home run! ☐ T ☐ F

Let's Jump! 다음 문장을 해석하시오.

7 A Call him and apologize, right now. B I will... Dad.

8 "Look over there! A really fast moving superhero is removing all the wood and sucking up the oxygen to put out the fire!"

9 Be quiet. I'm studying for the first time this year.

Let's Fly! 다음 문장을 영작하시오.

10 다음 주어진 문장과 같은 뜻이 되도록 재배열 하시오.
입 다물고 내 돈을 가져 가!
(and, my, shut, money, up, take)

11 다음 주어진 문장과 같은 뜻이 되도록 주어진 단어 중 필요한 것만 골라 재배열 하시오.
애처럼 어리석게 굴지 마라!
(like, being, smart, stop, keep, child, a, silly)

12 다음 조건에 맞게 우리말을 영작하시오.
너도 내 입장이 되어봐.

① 명령문으로 쓸 것 ② 5단어로 쓸 것 ③ 전치사를 사용할 것

56

부정 명령문

「Do not[Don't] + _____」으로 '~하지 마'라는 의미이다. Do not[Don't] 대신에 '절대 ~하지 마라'라는 의미의 Never를 쓰기도 한다.

부끄러워하지 마.

밤에 홀로 나가지 마.

Let's Walk! 빈칸에 알맞은 말을 쓰시오. (ignore, come, get)

1 Oh, please _____ me wrong. I was just looking at the memory card.
오, 저를 오해하지 마세요. 전 그저 메모리카드를 보고 있었어요.

2 _____ in without knocking.
노크 없이 절대 들어오지 마.

3 _____ my words. It's an order.
내말을 무시하지마라. 그건 명령이다.

Let's Run! 다음 문장이 어법적으로 옳으면 T, 틀리면 F하고 틀린 부분을 고쳐 쓰시오.

4 Come on. Don't giving me that look.　　　　□ T □ F

5 A I guess I gotta go now.　　　　□ T □ F
　　B Elena, don't spoil the mood! We just got here.

6 Please, don't to leave me alone in this world.　　　　□ T □ F

Let's Jump! 다음 문장을 해석하시오.

7 Do not say a word to him. He's very talkative.

8 "Way to go! Don't stop until the fire completely goes out!"

9 Don't talk back to your parents! It's not right.

Let's Fly! 다음 문장을 영작하시오.

10 다음 주어진 문장과 같은 뜻이 되도록 재배열 하시오.
너무 멀리가지 마라! (오버하지 마!)
(too, don't, go, far)

11 다음 주어진 문장과 같은 뜻이 되도록 주어진 단어 중 필요한 것만 골라 재배열 하시오.
절대라는 말은 절대 하지 마세요.
(to, say, do, never, never)

12 다음 조건에 맞게 우리말을 영작하시오.
네 행동에 믿음이 있을 때에는 절대 포기하지 마라.

① 명령문으로 쓸 것　② never을 사용할 것　③ 접속사를 이용하여 10단어로 쓸 것

57

감탄문

기쁨, 놀람 등의 감정을 표현하는 문장으로 「What + (a/an) + 형용사 + ＿＿＿＿＿＿＿ (+ 주어 + 동사)!」 형태의 What 감탄문과 「How + ＿＿＿＿＿＿/부사(+ 주어 + 동사)!」 형태의 How 감탄문이 있다. What 감탄문의 경우 ① 주어 + 동사를 생략하기도 하며 ② 명사에 따라 a/an을 쓰는 것에 주의한다.

정말 끔찍한 이야기였어!

볼트는 어찌나 빠르게 달리는지!

Let's Walk! 빈칸에 알맞은 말을 쓰시오. (fast, ordinary , old)

1 ＿＿＿＿＿＿＿＿＿＿ movement he has!
　그는 정말 빠른 움직임을 가졌군!

2 ＿＿＿＿＿＿＿＿＿＿ taste this brand has!
　이 브랜드는 정말 평범한 취향을 가졌구나!

3 A ＿＿＿＿＿＿＿＿＿＿ cars he has!
　B Collecting old cars is his hobby.
　A: 그는 정말 오래된 차들을 가졌구나!　B: 오래된 차를 모으는게 그의 취미야.

Let's Run! 다음 문장이 어법적으로 옳으면 T, 틀리면 F하고 틀린 부분을 고쳐 쓰시오.

4 What a amazing soccer player Messi is!　　　　□ T □ F

5 A What bad weather is it!　B Yes, it's freezing outside.　□ T □ F

6 I met your Japanese friends last week. What nice people they were! □ T □ F

Let's Jump! 다음 문장을 해석하시오.

7 How slowly he moves! What is he doing over there?

8 Customer What big pants they are!　Clerk Yes, but they're your size 40.

9 How smart the dolphins are!

Let's Fly! 다음 문장을 영작하시오.

10 다음 주어진 문장과 같은 뜻이 되도록 재배열 하시오.

　달이 참 아름다워 보이는구나! (beautiful, looks, the, how, moon)

11 다음 주어진 문장과 같은 뜻이 되도록 주어진 단어 중 필요한 것만 골라 재배열 하시오.

　당신의 삶은 정말 단순하군요! (simple, are, is, how, life, my, your, what)

12 다음 조건에 맞게 우리말을 영작하시오.

　그는 정말 어리석은 질문을 물어봤구나!

　　① what을 이용한 감탄문을 쓸 것　② 6단어로 쓸 것

58

청유문(Let's)

「Let's + _____」으로 나타낸다.

_____

쇼핑하러 가자.

_____

돌아오지 말자.

Let's Walk! 빈칸에 알맞은 말을 쓰시오. (fall, celebrate, get)

1 Rex, _____ in love with her. Promise?
Rex, 그녀와 사랑에 빠지지 말자. 약속하는 거지?

2 _____ some fresh air. It's too stuffy in here.
바람 좀 쐬고 오자. 여기는 너무 답답해.

3 _____ his brave actions!
그의 용감한 행동을 기념합시다!

Let's Run! 다음 문장이 어법적으로 옳으면 T, 틀리면 F하고 틀린 부분을 고쳐 쓰시오.

4 Amy, let's preparing dinner together.　　　　　☐ T ☐ F

5 A Let's not forget his sacrifice.　　　　　☐ T ☐ F
　　B No, let's.

6 Let's not be sad. We are all fine.　　　　　☐ T ☐ F

Let's Jump! 다음 문장을 해석하시오.

7 Let's be friends forever.

8 Why wait? Let's leave now!

9 Let's not take the elevator. The stairs are right here, and we should exercise.

Let's Fly! 다음 문장을 영작하시오.

10 다음 주어진 문장과 같은 뜻이 되도록 재배열 하시오.
우리 서로에게 정직하자.
(honest, each, let's, be, other, with)

11 다음 주어진 문장과 같은 뜻이 되도록 주어진 단어 중 필요한 것만 골라 재배열 하시오.
오늘 밤에 파티를 엽시다!
(party, let's, not, today, tonight)

12 다음 조건에 맞게 우리말을 영작하시오.
여기에서 공원까지 달리기 시합하자.

① Let's를 사용해서 청유문을 만들 것　② 9단어로 쓸 것

59

부가의문문

평서문 뒤에 붙이는 의문문으로, _____를 구하거나 사실을 _____할 때 사용한다.

_____

멋진 파티였어, 그렇지 않니?

_____

Anna는 피아노를 칠 수 없어, 그렇지?

Let's Walk! 빈칸에 알맞은 말을 쓰시오.

1 We are hungry, _____? Let's have some snacks, _____?
우린 배고파, 그렇지 않아? 간식 먹자, 그럴래?

2 So please don't hate me, _____?
그러니까 제발 날 미워하지 마, 그래 줄래?

3 This was a great beginning for Flashman's heroic deeds, _____?
이것은 Flashman의 영웅적인 행위의 위대한 시작이었다, 그렇지 않은가?

Let's Run! 다음 문장이 어법적으로 옳으면 T, 틀리면 F하고 틀린 부분을 고쳐 쓰시오.

4 Linus can't sleep without his blanket, will he?　　☐ T ☐ F

5 Maria can play the harp well, can't she?　　☐ T ☐ F

6 Look! There is a fly in my soup, isn't it?　　☐ T ☐ F

Let's Jump! 다음 문장을 해석하시오.

7 Yuki loves to listen to K-pop, doesn't she?

8 You aren't kidding, are you?

9 I should overcome this challenge, shouldn't I?

Let's Fly! 다음 문장을 영작하시오.

10 다음 주어진 문장과 같은 뜻이 되도록 재배열 하시오.
Nick, 너는 나를 도와줄 거야, 그렇지 않아?
(won't, help, me, will, Nick, you, you)

11 다음 주어진 문장과 같은 뜻이 되도록 주어진 단어 중 필요한 것만 골라 재배열 하시오.
창밖으로 기대지 마세요, 그래 줄래요?
(you, won't, do, lean, of, the window, will, not, out)

12 다음 조건에 맞게 우리말을 영작하시오.
오늘은 여기까지 하고 마치자, 알았지?

① 주어와 동사가 있는 완전한 문장으로 쓸 것　② 부가의문문을 이용할 것　③ 7단어로 쓸것

MEMO

MEMO

MEMO

내신공략 중학영문법 시리즈

신유형과 고난도 서술형 문제로
중학영어 내신 완벽 대비

❶ 개념이해책, 문제풀이책

❷ 개념이해책, 문제풀이책

❸ 개념이해책, 문제풀이책

- 최신 내신 출제 경향을 반영한
  고난도 서술형·신유형 문제 다수 수록
- 개념이해책과 문제풀이책의 연계 학습으로
  최대의 학습 효과
- 성취도 평가와 수준별 맞춤형 학습 제안
- 홈페이지에서 교사용 자료 제공

www.darakwon.co.kr

내공 중학영단어 시리즈

중학교 12종 교과서를 완벽하게 분석한
내신 전용 어휘 학습서

내공 중학영단어 ❶ **내공 중학영단어 ❷** **내공 중학영단어 ❸**

- 내신 기본 단어에서 내신 심화 단어까지 수준별 단계별 학습 제시
- 내신 시험에 자주 출제되는 5가지 대표 어휘 유형 훈련
- 단어 – 뜻 – 교과서 관련 어구가 한눈에 보이는 깔끔한 3단 구성
- 홈페이지에서 내신 기초 쌓기 추가 문장과 MP3 파일 무료 다운로드
- 문제출제프로그램 제공 (http://voca.darakwon.co.kr)

문법 품은 구문으로~ 재미 폭발 이야기로~

신

락

내공

중학

김한나 | 김현우 | 송승룡 | 김형규 | 이건희

영어

구문1

다락원 내공
중학영어구문~

정답 및 해설

DARAKWON

내공 중학 영어 구문 1

중학 영어

정답 및 해설

Chapter 01 / be동사

UNIT 01 be동사 현재형

1 Andrew is a superhero.
Andrew는 슈퍼히어로이다.

2 You are my precious friend.
너는 나의 소중한 친구이다.

3 He is my homeroom teacher.
그는 나의 담임선생님이다.

4 They are in the football stadium.
그들은 미식축구 경기장에 있다.

5 Her name is Sebin.
그녀의 이름은 세빈이다.

6 Chris is good at guessing.
Chris는 추측하기를 잘 한다.

7 My purse is very expensive.
나의 지갑은 아주 비싸다.

8 The lady and the gentleman are neighbors.
그 숙녀와 그 신사는 이웃이다.

9 You and she are unkind to me.
너와 그녀는 나에게 불친절하다.

10 Rex and Louganis are gladiators.
Rex와 Louganis는 검투사이다.

11 My mom's tom yum goong is delicious.
나의 엄마의 똠얌꿍은 맛있다.

12 A kangaroo's tail is really strong.
캥거루의 꼬리는 매우 강하다.

13 These old coins are pure gold.
이 오래된 동전들은 순금이다.

14 This cute animal is a newborn hippo.
이 귀여운 동물은 갓 태어난 하마입니다.

15 My best friend and I are on the bus.
나의 가장 친한 친구와 나는 버스에 있다.

UNIT 02 be동사 과거형

1 Mr. Kim was once a carpenter.
김 씨는 한 때 목수였다.

2 My hobby was mixed martial arts.
내 취미는 이종 격투기였다.

3 I was tall for the age throughout my childhood.
나는 어릴 적 내내 나이에 비해 키가 컸었다.

4 The notebooks were light and small.
그 공책들은 가볍고 작았다.

5 We were in the middle of the desert.
우리는 그 사막 한 가운데에 있었다.

6 The movie, *Spider-Man*, was boring.
영화 '스파이더맨'은 지루했다.

7 Last Christmas was a white Christmas.
지난 크리스마스는 화이트 크리스마스였다.

8 He was an ordinary middle school student.
그는 평범한 중학생이었다.

9 The store was famous for its pretty clerk.
그 가게는 예쁜 점원 때문에 유명했다.

10 Isabel and Isaac were at Broadway & W 42nd street.
Isabel과 Isaac은 브로드웨이 웨스트 42번가에 있었다.

11 The temple was right next to my church.
그 절은 우리 교회 바로 옆에 있었다.

12 The spy was under the table during our meeting yesterday.
그 스파이가 어제 우리가 회의하는 동안 테이블 아래에 있었다.

13 The camels were thirsty and tired.
낙타들은 목이 마르고 피로했다.

14 Adam was deaf, but he was talkative.
Adam은 귀머거리였지만, 수다스러웠다.

15 You were friendly to everyone except me.
너는 나를 제외하고 모든 사람들에게 다정했다.

UNIT 03 be동사 부정문(현재/과거)

1 Bats are not birds.
박쥐는 조류가 아니다.

2 I'm not an idiot.
나는 바보가 아니다.

3 Ben isn't here now.
Ben은 지금 여기 있지 않다.

4 Tatyana wasn't in the room then.
Tatyana는 그때 그 방에 없었다.

5 We weren't friends five years ago.
우리는 5년 전에는 친구가 아니었다.

6 The Spanish teacher is not Spanish.
그 스페인어 선생님은 스페인인이 아니다.

7 He wasn't special in any way.
그는 어떤 식으로도 특별하지 않았다.

8 Actually Joanne was not a human being.
사실 Joanne은 사람이 아니었어.

9 Tim, Tom and Tony are not triplets.
Tim, Tom 그리고 Tony는 세 쌍둥이가 아니다.

10 My dad isn't a superman, but he is best for me.
우리 아빠는 슈퍼맨은 아니지만, 나에게는 최고이다.

11 The grapefruits in the refrigerator aren't fresh.
냉장고에 있는 자몽은 신선하지 않다.

12 The Smiths aren't rich, but they are happy.
Smith 부부는 부유하지 않았지만, 행복했다.

13 We were not angry with you last night.
어젯밤에 우리는 너에게 화나지 않았었어.

14 Admiral Yi Sun-shin wasn't scared of death.
이순신 장군은 죽음을 두려워하지 않았다.

15 I'm sorry, but those books on the top shelf are not for sale.
죄송합니다만, 선반 맨 위에 있는 저 책들은 판매하지 않습니다.

12 Are geckos in Southern Vietnam?
도마뱀붙이는 베트남 남부에 있나요?

13 A: Am I gorgeous?
B: Are you crazy?
A: 내가 매력적이지?
B: 너 미쳤니?

14 Were Sadie and Hannah on your yacht, too?
Sadie와 Hannah도 네 요트에 있었니?

15 A: Is the smartphone important for our lives?
B: You bet!
A: 우리의 삶에서 스마트폰이 중요하니?
B: 물론이지!

Chapter 02 / 일반동사

UNIT 04 be동사 의문문(현재/과거)

1 Are you sure?
너 확실하니?

2 Hello, is Ms. Brown there?
여보세요, Brown 씨 계시나요?

3 A: Am I in the right classroom?
B: Yes, you are.
A: 제가 올바른 교실에 있는 건가요?
B: 네, 그래요.

4 A: Are you the Lord of the Rings?
B: No, I'm not.
A: 당신이 반지의 제왕인가요?
B: 난 아냐.

5 Was Shawn your prince charming?
Shawn이 너의 꿈속의 왕자님이었니?

6 Was it an accident or his destiny?
그것은 사고였을까 아니면 그의 운명이었을까?

7 Were you the seven princesses of this school?
너희들이 이 학교의 칠공주였니?

8 Was Mustafa your yoga teacher?
Mustafa는 너의 요가 선생님이셨니?

9 Is your hobby sepaktakraw? Interesting!
너의 취미가 세팍타크로라고? 흥미롭다!

10 Are you perhaps one of Logan's ex-girlfriends?
너 혹시 Logan의 전 여자 친구들 중 한명이니?

11 Was your uncle a sushi chef in Dubai?
당신의 삼촌은 두바이에서 스시 요리사였나요?

UNIT 05 일반동사 현재형

1 Hyunwoo likes mac and cheese, too.
현우는 맥 앤 치즈도 좋아한다.

2 After night, dawn comes.
밤이 지나면 새벽이 온다.

3 My math teacher studies tarot.
나의 수학 선생님은 타로를 공부하신다.

4 Batman washes his cape every night.
배트맨은 매일 밤 자신의 망토를 빤다.

5 Andrew likes science very much.
Andrew는 과학을 매우 좋아한다.

6 My grandfather plays the saxophone.
나의 할아버지는 색소폰을 연주하신다.

7 Ann has blue eyes and red hair.
Ann은 파란 눈과 빨간 머리를 가졌다.

8 The pastor practices kung fu on Fridays.
그 목사님은 매주 금요일마다 쿵푸를 연습하신다.

9 The heroine dies at the end of the film.
그 여자 주인공은 영화의 마지막에서 죽는다.

10 My neighbor's dog and his master bark at each other.
내 이웃의 강아지와 그 주인은 서로에게 짖는다.

11 Shopping malls set their air conditioners to high.
쇼핑몰들은 에어컨을 강하게 나오도록 설정한다.

12 The Mississippi River divides the United States into East and West.
미시시피 강은 미국을 동과 서로 나눈다.

13 Jim the Janitor always <u>smiles</u> at us.
경비원인 Jim은 항상 우릴 보며 미소 짓는다.

14 The limousine bus <u>carries</u> people to the airport.
그 리무진 버스는 사람들을 공항으로 나른다.

15 The boy <u>passes by</u> here every Monday morning.
그 소년은 월요일 아침마다 여기를 지나간다.

UNIT 06 일반동사 과거형

1 Frank denied all responsibility.
Frank는 모든 책임을 부인했다.

2 My pet snake, Dronkey, bit me.
나의 애완 뱀 Dronkey가 나를 물었다.

3 I skipped breakfast this morning.
나는 오늘 아침에 식사를 걸렀다.

4 Nine ninjas found the enemy base.
아홉 명의 닌자들이 적의 기지를 발견했다.

5 Emma bought a smartwatch as a birthday gift.
Emma는 생일선물로 스마트와치를 샀다.

6 She sold the bag online last night.
그녀는 어젯밤에 온라인으로 그 가방을 팔았다.

7 My miserable report card blew away in the wind.
내 형편없는 성적표가 바람에 날아갔다.

8 Snow White ate a red apple and seven pieces of pizza.
백설공주는 빨간 사과 한 개와 피자 일곱 조각을 먹었다.

9 A heavy storm hit the town in 1999.
1999년도에 강한 폭풍이 그 도시를 강타했다.

10 Lucy threw an egg from the rooftop.
Lucy는 옥상에서 달걀을 던졌다.

11 The secretary read the important document secretly.
그 비서는 중요한 서류를 몰래 읽었다.

12 One day, he went into the science lab with his friend, Jake.
어느 날, 그는 친구 Jake와 함께 과학 실험실로 들어갔다.

13 Gilbert <u>saw</u> six numbers in his dream.
Gilbert는 꿈속에서 여섯 개의 숫자를 보았다.

14 Ann <u>did</u> flying yoga with her grandmother.
Ann은 그녀의 할머니와 플라잉 요가를 했다.

15 On a log bridge, the tiger <u>met</u> ten *Sapsali* dogs and <u>ran away</u>.
외나무다리에서 그 호랑이는 10마리의 삽살개들을 만나 도망쳤다.

UNIT 07 일반동사의 부정문(현재/과거)

1 I don't care.
나는 신경 쓰지 않는다.

2 He doesn't like espresso.
그는 에스프레소를 좋아하지 않는다.

3 Olga didn't want the part-time job.
Olga는 그 시간제 일자리를 원하지 않았다.

4 Jake's coach didn't give up on him.
Jake의 감독님은 그를 포기하지 않았다.

5 We didn't visit Lucy's yesterday.
우리는 어제 Lucy의 집을 방문하지 않았다.

6 They don't do homework from time to time.
그들은 가끔 숙제를 하지 않는다.

7 You didn't write the correct word on the test.
너는 시험에서 정확한 단어를 쓰지 않았다.

8 The police didn't release the prime suspect.
경찰은 그 주요 용의자를 석방하지 않았다.

9 My smart son doesn't answer easy questions.
나의 똑똑한 아들은 쉬운 문제들에는 대답하지 않는다.

10 Ethan never goes shopping with his girlfriend.
Ethan은 그의 여자친구와 절대 쇼핑을 가지 않는다.

11 Peggy didn't attend her graduation ceremony.
Peggy는 그녀의 졸업식에 참석하지 않았다.

12 At first, Andrew doesn't feel the strong electromagnetic field around the lab.
처음에는, Andrew는 실험실 주변의 강한 전자기장을 느끼지 못한다.

13 The twins <u>don't brush</u> their teeth after lunch.
그 쌍둥이들은 점심식사 후에 그들의 이를 닦지 않는다.

14 He <u>doesn't tell</u> lies to his friends.
그는 친구들에게 거짓말을 하지 않는다.

15 Sophia <u>didn't send</u> an invitation card to her best friend.
Sophia는 그녀의 가장 친한 친구에게 초대장을 보내지 않았다.

UNIT 08 일반동사의 의문문(현재/과거)

1 Do you love me at all?
너 나를 조금이라도 사랑하니?

2 Does Luke do the laundry every day?
Luke는 빨래를 매일 하니?

3 Did you get my text last night?
너 어젯밤에 내 문자메시지 받았니?

4 Did Plato suggest this boring theory?
플라톤이 이 지루한 이론을 제안했나요?

5 Do I know you? I don't think you do.
저 아세요? 전 그렇게 생각하지 않아요.

6 A: Does Dean look like Yoda?
B: Yes, indeed.
A: Dean은 요다처럼 생겼나요?
B: 네, 정말로요.

7 Does Grouchy Smurf complain all the time?
투덜이 스머프는 항상 불평을 하나요?

8 Did you wear a uniform in middle school?
당신은 중학생 때 교복을 입었나요?

9 Jake asks Andrew, "Do you feel something here, too?"
Jake는 Andrew에게 묻는다. "너도 여기서 무언가가 느껴지니?"

10 A: Does he like baseball cheerleaders?
B: I think so.
A: 그는 야구 치어리더들을 좋아하나요?
B: 그런 것 같아요.

11 Do you use door-to-door delivery service?
너는 택배 서비스를 이용하니?

12 Did Marwan hand in the report about dinosaurs?
Marwan은 공룡에 대한 보고서를 제출했니?

13 A: Do you really dream every night?
B: Yes, about you.
A: 너는 정말로 매일 밤 꿈을 꾸니?
B: 어, 네 꿈꿔.

14 Does your mom also have dreadlocks in her hair?
너의 엄마도 레게머리를 하고 계시니?

15 Did Isinbayeva set a record in the pole jump again?
Isinbayeva가 장대높이뛰기에서 또 기록을 세웠니?

Chapter 03 / 시제

UNIT 09 현재진행형

1 Shh, the baby is sleeping now.
쉿, 아기가 지금 잠을 자고 있어요.

2 We are living in the 21st century.
우리는 21세기에 살고 있다.

3 Norman is drinking herb tea.
Norman은 허브티를 마시고 있다.

4 Everybody is finding Wally now.
모두가 지금 Wally를 찾고 있다.

5 Scarlet is screaming at her parents.
Scarlet은 자신의 부모님에게 소리 지르고 있다.

6 The charity is helping people in need.
그 자선단체는 어려움에 처한 사람들을 돕고 있다.

7 Rasool is arm wrestling with Danny.
Rasool은 Danny와 팔씨름하고 있다.

8 The dragon is burning the whole town.
그 용은 마을 전체를 태우고 있다.

9 Shasha is going to Egypt tomorrow.
Shasha는 내일 이집트에 갈 것이다.

10 That sloth is crawling along at 2m/min.
저 나무늘보는 분당 2m로 기어가고 있다.

11 The baby panda is lying on her side on the floor.
그 아기 판다는 바닥에 옆으로 누워 있다.

12 Suddenly, Andrew is floating in the air by a strange power!
갑자기, Andrew는 이상한 힘에 의해 공중에 떠있다.

13 A puppy is running after me.
강아지 한 마리가 나를 따라오고 있다.

14 The fat lady is dancing Tango gracefully.
그 뚱뚱한 숙녀는 탱고를 우아하게 추고 있다.

15 The kids are throwing snowballs at each other.
아이들은 서로에게 눈 뭉치를 던지고 있다.

UNIT 10 현재진행형의 부정문

1 Oh my! Pooh is not wearing pants.
오 저런! Pooh가 바지를 입고 있지 않아요.

2 You, you, and you are not listening to me.
너, 너, 그리고 너는 내 말을 듣고 있지 않구나.

3 These days I'm not doing any exercise.
요즈음 나는 어떠한 운동도 하고 있지 않다.

4 The men aren't sitting on a bench right now.
지금 그 남자들은 벤치 위에 앉아 있지 않아요.

5 She isn't paying attention to the lecture.
그녀는 강의에 집중하지 않고 있다.

6 But the strange power is not affecting Jake.
그러나 그 이상한 힘은 Jake에게 영향을 미치지 않는다.

7 Dad! My cat, Mickey, is not moving now!
아빠! 내 고양이 Mickey가 움직이지 않아요!

8 The angry couple isn't talking.
화가 난 커플이 말을 하지 않고 있다.

9 I am not telling the truth for my country.
나는 내 조국을 위해서 진실을 말하고 있지 않다.

10 Usain Nut is not running the track. He is walking.
Usain Nut는 트랙을 뛰고 있지 않다. 그는 걷고 있다.

11 They're not having meals at the same table.
그들은 같은 탁자에서 밥을 먹고 있지 않다.

12 The trumpeter isn't playing his instrument properly.
그 트럼펫 연주자는 그의 악기를 적절히 연주하고 있지 않다.

13 Strangely the birds aren't singing today.
이상하게도 새들이 오늘은 울고 있지 않네요.

14 We are late! But my mom is not hurrying.
우리는 늦었다! 그러나 엄마는 서두르지 않고 있다.

15 The last scene of the movie is not fading away in my head.
그 영화의 마지막 장면이 내 머릿속에서 사라지지 않고 있다.

UNIT 11 현재진행형의 의문문

1 Are you also watching the star now?
너도 지금 그 별을 보고 있니?

2 Is the store selling drones?
그 가게는 드론(무인 비행기)을 팔고 있나요?

3 "Are you flying?" shouted Jake.
Jake가 소리쳤다. "너 날고 있는 거니?"

4 Is Jackie standing in front?
Jackie는 앞줄에 서 있니?

5 A: Is Lily working in a flower shop?
B: Yes, she is.
A: Lily는 꽃가게에서 일하고 있니?
B: 네, 그래요.

6 A: Are you guys having fun?
B: Yeah, we're having so much fun!
A: 여러분 재미있으세요?
B: 네, 우리는 아주 많이 재미있어요!

7 Is Zuzana laughing at my cute baseball cap?
Zuzana가 내 귀여운 야구모자를 비웃고 있는 거니?

8 Is Catherine's dog chewing her shoe?
Catherine의 강아지가 그녀의 신발을 씹고 있니?

9 Is she writing a novel for the contest?
그녀가 공모전에 낼 소설을 쓰고 있니?

10 Am I going the right way or am I lost?
나는 지금 옳은 길로 가고 있는 걸까, 길을 잃은 걸까?

11 Are we doing anything for the world?
우리 세상을 위해서 무엇인가 하고 있는 것일까?

12 Are Jimmy and Luke still riding bikes in the rain?
Jimmy와 Luke는 여전히 빗속에서 자전거를 타고 있니?

13 Is your father running for mayor?
네 아버지께서 시장으로 출마하시니?

14 Are you sacrificing anything for your dreams?
당신은 당신의 꿈을 위해 뭐라도 희생하고 있나요?

15 Is the Buddhist monk listening to hip hop music?
그 스님이 힙합 음악을 듣고 계시니?

UNIT 12 be going to

1 He is going to arrive here soon.
그는 여기에 곧 도착할 것이다.

2 My father is going to see my teacher tomorrow.
우리 아버지께서는 내일 나의 선생님을 찾아뵐 것이다.

3 Sarah Chang is going to play her Stradivarius.
장영주는 그녀의 스트라디바리우스를 연주할 예정이다.

4 Julianne is going to marry her best friend.
Julianne은 그녀의 가장 친한 친구와 결혼할 것이다.

5 We are going to throw a surprise party for her.
우리는 그녀를 위해 깜짝 파티를 해줄 생각이다.

6 I am going to go on a diet from tomorrow. I am serious.
난 내일부터 다이어트 할 거야. 나 진지해.

7 Our meeting is going to be a symbol of peace.
우리의 만남은 평화의 상징이 될 것입니다.

8 The island country is going to sink under the ocean.
그 섬나라는 바다 밑으로 가라앉을 것이다.

9 Those two orangutans are going to fight each other.
저 두 마리의 오랑우탄은 서로 싸울 것이다.

10 I am going to write a thank you letter to my personal trainer.
나는 내 개인트레이너에게 감사편지를 쓸 것이다.

11 David and Ken are going to quit their jobs as soon as possible.
David과 Ken은 가능한 빨리 일을 관둘 것이다.

12 A mysterious voice suddenly said, "Andrew, you are going to be a new superhero!"
어떤 신비로운 목소리가 갑자기 말했다. "Andrew, 너는 새로운 슈퍼히어로가 될 것이다!"

13 Angela is going to spend three weeks in Poland.
Angela는 폴란드에서 3주를 보낼 것이다.

14 They <u>are going to watch</u> a late-night movie tonight.
그들은 오늘 밤 심야 영화를 볼 것이다.

15 The Beast <u>is going to propose to</u> the Beauty tomorrow.
야수는 내일 미녀에게 청혼을 할 것이다.

---

1 I am not going to take a nap.
나는 낮잠을 자지 않을 것이다.

2 The ferry isn't going to arrive on time.
그 유람선은 정시에 도착하지 않을 것이다.

3 Is Josh going to keep tarantulas?
Josh는 타란툴라 거미들을 기를 거니?

4 A: Are you really going to challenge our team?
B: Bring it on, man!
A: 너희들이 정말로 우리 팀에 도전할 거니?
B: 덤벼라, 녀석아!

5 We are not going to attack any country first.
우리는 어떠한 나라도 먼저 공격하지 않을 것입니다.

6 The girl isn't going to wear a dress at the prom.
그 소녀는 졸업 무도회에서 드레스를 입지 않을 것이다.

7 The patient is not going to make it until tomorrow.
그 환자는 내일까지 살지 못할 것이다.

8 Is Mr. Ma going to give the money back to me?
마 씨는 나에게 돈을 돌려줄까?

9 The smile on her face is never going to disappear.
그녀 얼굴의 미소는 절대로 사라지지 않을 것이다.

10 They are not going to take a swimming class next semester.
그들은 다음 학기에 수영수업을 듣지 않을 예정이다.

11 "But, I'm not going to decide if you will be a good hero or a bad one," the voice continued.
"하지만 나는 네가 좋은 영웅이 될지 나쁜 영웅이 될지 결정하지는 않을 것이다." 그 목소리가 계속되었다.

12 Are the boys going to dance the hula on the rooftop tonight?
그 소년들은 오늘 밤 옥상에서 훌라춤을 출거니?

13 <u>Is</u> the engine of this old car <u>going to be</u> okay?
이 낡은 차의 엔진이 괜찮을까요?

14 I <u>am not going to drink</u> soft drinks anymore.
나는 더 이상 청량음료를 마시지 않을 거야.

---

15 Your younger brothers <u>are</u> not <u>going to believe</u> this fact.
네 남동생들은 이 사실을 믿지 않을 것이다.

Chapter 04 / 의문사

1 Who knows?
누가 알겠어?

2 Who did this?
이거 누가 그랬어?

3 Andrew asked, "Who are you?"
Andrew가 물었다. "당신은 누구입니까?"

4 Who let the dogs out?
누가 개를 풀어 놓았니?

5 Whom do you cheer for?
너는 누구를 응원하니?

6 Q. Who stepped on the moon first?
a) Christopher Columbus
b) rabbits
c) Louis Armstrong
d) Neil Armstrong
질문. 누가 처음으로 달에 발을 디뎠을까요?
a) 크리스토퍼 콜럼버스
b) 토끼들
c) 루이 암스트롱
d) 닐 암스트롱

7 Who is your favorite actor in Bollywood?
발리우드 배우 중 누구를 가장 좋아하니?

8 Who moved my cheese?
누가 내 치즈를 옮겼을까?

9 Who is responsible for global warming?
누가 지구 온난화에 대해 책임이 있나요?

10 A: Who really discovered America?
B: In my opinion, it's Amerigo Vespucci.
A: 누가 정말로 미국을 발견하였습니까?
B: 내 의견으로는, 그것은 Amerigo Vespucci야.

11 Who(m) are you going to vote for the class president tomorrow?
당신은 내일 누구를 학급회장으로 뽑을 건가요?

12 Who built this huge sandcastle over night?
누가 밤사이 이 거대한 모래성을 만들었을까요?

13 <u>Who(m) do</u> you <u>live</u> with?
넌 누구랑 사니?

14 A: Who took the cookie from the cookie jar?

B: Panda did.

A: 누가 쿠키 단지에서 쿠키를 가져갔니?

B: 판다가 그랬어요.

15 Who is going to be the next winner of this quiz show?

누가 이 퀴즈쇼의 다음 번 우승자가 될까요?

13 What are friends for?

친구는 무엇을 위한 것이니?(친구가 좋다는 게 뭐겠니?)

14 What do you want for Christmas?

크리스마스에 네가 원하는 게 뭐니?

15 What is he going to wear this evening?

그는 오늘 저녁에 무슨 옷을 입을까?

UNIT **15** 의문대명사 what

1 Mom, what's for dinner?

엄마, 저녁은 뭐예요?

2 A: What's the matter?

B: I lost my dog.

A: 뭐가 문제니?

B: 나의 개를 잃어버렸어.

3 A: What do you do?

B: I work as an app developer.

A: 너의 직업은 뭐니?

B: 나는 앱개발자야.

4 What did you say? Say that again.

뭐라고 말했니? 그것 다시 말해봐.

5 What does a phoenix look like?

봉황은 어떻게 생겼니?

6 "What do you want from me?"

나에게 무엇을 원합니까?

7 A: What is your favorite Korean dish?

B: It is *yukhoe*.

A: 네가 가장 좋아하는 한국 요리는 무엇이니?

B: 그것은 육회야.

8 A: What is he?

B: What do you mean?

A: I mean, what is his job?

A: 그는 무엇이니?

B: 무슨 뜻이야?

A: 내 말은 그의 직업이 뭐냐고?

9 What happened to her? She isn't saying anything.

그녀에게 무슨 일이 있었니? 그녀는 아무 말도 하고 있지 않아.

10 What destroyed the ozone layer?

무엇이 오존층을 파괴했을까요?

11 What do you like most about me? My pretty face?

나에게서 무엇을 제일 좋아하니? 내 예쁜 얼굴?

12 A: What is the purpose of your visit to Nicaragua?

B: I'm here on vacation.

A: 당신의 니카라과의 방문 목적은 무엇입니까?

B: 저는 이곳에 휴가차 왔습니다.

UNIT **16** 의문대명사 which

1 Which is your longboard?

어느 것이 너의 롱보드이니?

2 Which do you dislike more, cockroaches or rats?

바퀴벌레와 쥐 중 너는 어떤 것을 더 싫어하니?

3 Which is better, *Gungseo* font or Gothic font?

궁서체와 고딕체 중 어떤 것이 더 좋니?

4 Which can you play, ping-pong or badminton?

탁구와 배드민턴 중 너는 어떤 것을 할 수 있니?

5 A: Which is easier for you, math or science?

B: Math. It isn't for you?

A: 수학과 과학 중 너에게는 무엇이 더 쉽니?

B: 수학이야. 너한테는 그러지 않니?

6 Which was the old name for Iran, Hittite or Persia?

히타이트와 페르시아 중 어느 것이 이란의 옛 이름이었니?

7 Which are you going to eat, fish and chips or sushi?

피시 앤 칩스와 스시 중에 어떤 음식을 먹을 거니?

8 A: Which is her doll?

B: That plastic dinosaur.

A: 어느 것이 그녀의 인형이니?

B: 저 플라스틱 공룡이야.

9 Which do you prefer, hot chocolate or mango juice?

핫초코와 망고 주스 중 어느 것을 더 좋아하니?

10 Which are we going to buy, peaches or watermelons?

우리는 복숭아와 수박 중 무엇을 살 건가요?

11 "Which do you want me to be, a good hero or an evil one?"

제가 어느 것이 되기를 원하나요? 선한 영웅, 아니면 악한 영웅?

12 Which does she like, camping in the jungle or camping on the beach?

정글에서의 캠핑과 해변에서의 캠핑 중 그녀는 어느 것을 좋아하니?

13 <u>Which</u> is June <u>learning</u>, Portuguese or Spanish?
June은 포르투갈어와 스페인어 중 무엇을 배우고 있는 중이니?

14 <u>Which</u> are Tina's favorite clothes, jeans or dresses?
Tina가 좋아하는 옷은 청바지와 드레스 중에 어느 것이니?

15 <u>Which</u> <u>does</u> the teacher <u>hate</u> more, lateness or chewing gum?
그 선생님은 지각과 껌 씹는 것 중 어떤 것을 더 싫어하실까?

UNIT 17 의문형용사 whose, which, what

1 Whose side are you on?
당신은 누구의 편입니까?

2 Which girl is Russian, Yuryevich or Larionov?
Yuryevich와 Larionov 중 어떤 소녀가 러시아인입니까?

3 A: What kind of music do you like?
B: I like K-pop.
A: 어떤 종류의 음악을 좋아하나요?
B: K-pop을 좋아합니다.

4 Whose parents are those?
저분들은 누구의 부모님이니?

5 A: What size do you wear?
B: I'm a size 55.
A: 몇 사이즈 입으세요?
B: 저는 55 사이즈에요.

6 A: Whose fault is it?
B: It's mine. I'm sorry.
A: 그것은 누구의 잘못이니?
B: 나의 잘못이야. 미안해.

7 Which color do they want, green, white, or red?
초록색, 하얀색, 빨간색 중 그들은 어떤 색을 원하니?

8 Whose face does mine look like, Mom's or Dad's?
제 얼굴은 엄마와 아빠 중 누구의 얼굴을 닮았나요?

9 "Whose voice is this? Where are you?" Jake asked.
Jake가 물었다. "이건 누구의 목소리인가요? 어디에 있나요?"

10 What game is going to win game of the year?
어느 게임이 올해의 게임으로 선정될까?

11 A: Which cat belongs to the witch?
B: Puss in Boots.
A: 어느 고양이가 그 마녀 것이니?
B: 장화 신은 고양이야.

12 Whose cheesecake was that? The taste was out of this world!
저것은 누구의 치즈케이크였니? 그 맛은 이 세상의 것이 아니었어!

---

13 <u>Which</u> elephant <u>is</u> Dumbo?
어떤 코끼리가 Dumbo입니까?

14 Ahh... <u>Whose</u> alarm clock <u>is</u> this? It's so noisy.
아… 이것은 누구의 알람시계야? 너무 시끄러워.

15 A: <u>What</u> kind of movies <u>do</u> you <u>like</u>?
B: I like sci-fi films the most.
A: 어떤 종류의 영화를 좋아하나요?
B: 전 공상과학영화를 가장 좋아해요.

UNIT 18 의문부사 where

1 Where is he from?
그는 어디서 왔니?

2 Where are your manners?
당신의 예의는 어디에 있나요? (예의 좀 지키시죠.)

3 A: Where were you born?
B: I was born in the National Medical Center.
A: 너는 어디서 태어났니?
B: 나는 국립의료원에서 태어났어.

4 Hey! Did you see Kenny? Where is he?
저기! 너 혹시 Kenny봤니? 그는 어디 있니?

5 Where do you go to school?
너는 어디로 학교를 다니니?

6 Where did she put the car keys?
그녀는 자동차 키를 어디에 두었니?

7 A: Where is my hat, Grandson?
B: It's on your head.
A: 얘야, 내 모자 어디 있지?
B: 그것은 할아버지 머리 위에 있어요.

8 Where is Juliet going secretly at this time of night?
Juliet이 이 밤에 어디를 비밀스럽게 가는 거지?

9 Where does Veronica learn jiu jitsu?
Veronica는 어디에서 주짓수를 배우니?

10 It's an emergency! Where is the nearest bathroom?
비상사태다! 가장 가까운 화장실이 어디지?

11 Where are you going to stay in the United States?
당신은 미국 어디에서 머무를 겁니까?

12 The voice answered, "Who am I? In my galaxy, they call me the God of Inner Power. Where am I? I'm everywhere."
그 목소리는 답했다. "내가 누구냐고? 나의 은하계에서는, 사람들이 나를 내공의 신이라고 부른다. 내가 어디에 있냐고? 나는 어디에나 있단다."

13 <u>Where does</u> she <u>have</u> brunch on weekends?
그녀는 주말에 브런치를 어디서 먹니?

14 Where are you? This cave is like a maze.
어디에 있니? 이 동굴은 마치 미로 같아.

15 A: Where did Sandra get this tablet PC?
B: She got it at Dragon Hill.
A: Sandra는 이 태블릿 피시를 어디에서 샀니?
B: 드래곤 힐에서 샀어.

UNIT 19 의문부사 when

1 When are you free?
넌 언제 한가하니?

2 When do you wake up?
너는 언제 일어나니?

3 A: When does the concert start?
B: It starts at 7.
A: 콘서트는 언제 시작하니?
B: 그것은 7시에 시작해.

4 When are we going to go on a field trip?
우리는 현장학습을 언제 갈 예정인가요?

5 When does Olivia usually walk her dog?
Olivia는 보통 언제 그녀의 개를 산책시키니?

6 When did Noriko immigrate to Canada?
Noriko가 언제 캐나다로 이민 왔지?

7 A: When are you going to marry Leonardo?
B: I'm not sure.
A: 너 Leonardo와 언제 결혼할거니?
B: 잘 모르겠어.

8 A: When do our final exams start?
B: They started today...
A: 기말 시험 언제 시작하니?
B: 오늘 시작했어…

9 Joan, when is our parents' wedding anniversary?
Joan, 우리 부모님 결혼기념일이 언제지?

10 When was the most critical moment of your life?
당신의 삶에서 가장 위기였던 순간은 언제였나요?

11 "My planet exploded in a tragic accident. Oh, when can I see my people again?"
"나의 행성은 비극적인 사고로 폭발했다. 아, 언제 그 사람들을 다시 볼 수 있을지?"

12 A: When did King Sejong invent Hanguel?
B: In 1446 with the scholars of *Jiphyeonjeon*.
A: 세종대왕은 한글을 언제 발명했지?
B: 1446년에 집현전의 학자들과.

13 When is the presidential election?
대통령 선거일이 언제니?

14 When does Emily usually come back home?
Emily는 대개 언제 집에 오나요?

15 When did you become independent from your parents?
너는 언제 부모님으로부터 독립했어?

UNIT 20 의문부사 why

1 Why are you still awake?
너 왜 아직도 깨어있니?

2 Why did Mr. Ron become a nurse?
Ron 씨는 왜 간호사가 되었나요?

3 A: Why didn't you answer my call?
B: Because I was busy.
A: 왜 내 전화 안 받았어?
B: 바빴어.

4 Why is he going to bed so early?
그가 왜 이렇게 일찍 자러 가는 거니?

5 Why don't you ask Lou? He will help you.
Lou에게 물어보는 게 어때? 그는 너를 도울 거야.

6 Why is Wendy yelling at her friend?
Wendy가 왜 친구에게 소리를 지르고 있지?

7 A: Why does he like Sara?
B: Because she's pretty pretty.
A: 왜 그는 Sara를 좋아하니?
B: 그녀가 아주 예쁘니까.

8 Why didn't you show up at the meeting?
너는 왜 미팅에 나오지 않았니?

9 Hey, Son! Why aren't you eating any vegetables?
아들아! 너 왜 야채를 전혀 안 먹니?

10 Why are they taking a tai chi chuan class?
그들은 왜 태극권 수업을 듣니?

11 A: Why are you so sad?
B: Because my sister deleted my folders.
A: 넌 왜 그렇게 슬퍼하니?
B: 여동생이 내 폴더를 지웠어.

12 "Why did the villain have to destroy the planet? I still don't understand."
"왜 그 악당은 그 행성을 파괴시켜야만 했을까? 나는 아직도 이해하지 못하겠다."

13 Why is Pororo wearing his goggles?
뽀로로는 왜 그의 고글을 쓰고 있니?

14 Why don't you invite Liz to your pajama party?
너의 파자마 파티에 Liz를 초대하는 게 어때?

15 Why did Rachel feel uncomfortable at the amusement park?
Rachel은 놀이공원에서 왜 불편해 했니?

1 How is the weather today?
오늘 날씨는 어때?

2 A: How do you go to school?
B: By bus.
A: 너는 학교에 어떻게 가니?
B: 버스 타고.

3 How did you break your arm?
팔이 어떻게 부러진 거니?

4 A: I deleted my Facebook account.
B: How come?
A: 페이스북 계정을 삭제했어.
B: 왜?

5 How far is it to Mt. Baekdu from Jeju-do?
제주도에서 백두산까지 얼마나 먼가요?

6 A: How do you say "I Love you" in Spanish?
B: Te quiero.
A: Me, too.
A: '사랑해'는 스페인어로 어떻게 말하니?
B: 떼 끼에로.
A: 나도.

7 How fast are the fifth generation jet fighters?
그 5세대 전투기는 얼마나 빠른가요?

8 A: How much is this flower with the vase?
B: It's 9,900 won.
A: 꽃병과 꽃을 합쳐서 얼마인가요?
B: 9,900원이에요.

9 How does Philip solve difficult questions so easily?
Philip은 어려운 문제들을 어떻게 그렇게 쉽게 푸나요?

10 How did this little kid write this marvelous poem?
어떻게 이 어린 아이가 이렇게 놀라운 시를 썼나요?

11 "Andrew, how are you going to use your new powers? Your decision will change the future of the Earth."
"Andrew, 너의 새로운 힘을 어떻게 사용할 거니? 너의 결정이 지구의 미래를 바꿀 것이다."

12 A: How often do your children eat chicken?
B: Everyday. They're crazy about chicken.
A: 당신의 아이들은 얼마나 자주 치킨을 먹나요?
B: 매일요. 그들은 치킨에 미쳤어요.

13 How did you feel on the first flight?
첫 비행기를 탄 기분이 어땠어?

14 A: How old is this cute turtle?
B: He is 150 years old.
A: 이 귀여운 거북이는 몇 살인가요?
B: 그는 150살이란다.

15 A: How long did it take to get there?
B: It took about half an hour.
A: 그곳에 도착하는데 얼마나 걸렸니?
B: 약 30분 걸렸어.

Chapter 05 / 조동사

1 The guests will arrive soon.
손님들이 곧 도착할거야.

2 What will you do tonight?
오늘 밤 뭐 할 거니?

3 Mr. White won't dye his hair black again.
White 씨는 다시는 그의 머리를 검정으로 염색하지 않을 것이다.

4 Oh, maybe your daughter will go to Harvard or Yale.
오, 아마도 당신의 따님은 하버드나 예일에 갈 것입니다.

5 The children won't worry about the bad weather.
그 아이들은 나쁜 날씨에 대해 걱정하지 않을 것이다.

6 Someday mankind will travel to other galaxies.
언젠가 인류는 다른 은하계들로 여행할 것이다.

7 Amy won't tell her father about the car accident.
Amy는 그 차 사고에 대해 아빠에게 말하지 않을 것이다.

8 "Use your powers for others. Then, you will be a good hero."
"너의 힘을 다른 사람들을 위해 사용해라. 그러면 너는 선한 영웅이 될 것이다."

9 Worry without any effort won't help you.
노력 없는 걱정은 당신을 돕지 않을 것이다.

10 She will put a chocolate flower on top of the cake.
그녀는 케이크 꼭대기에 초콜릿 꽃을 올릴 것이다.

11 A: Will the museum be open tomorrow?
B: No, they won't. They close on Mondays.
A: 그 박물관이 내일 열까요?
B: 아니오, 아닐 겁니다. 월요일마다 닫아요.

12 A: I'm going to see the volleyball match. Will you come with me?
B: No, I won't.
A: 나 배구경기 보러 갈 거야, 너도 같이 갈래?
B: 아니, 안 그럴 거야.

13 Mr. Holmes <u>won't be</u> home by six.
Holmes 씨는 여섯시까지 집에 도착하지 않을 것입니다.

14 When <u>will</u> the headquarters <u>begin</u> air support?
본부는 공중지원을 언제 시작합니까?

15 A: <u>Will</u> Jessy <u>eat out</u> with her father tonight?
B: Yes, she <u>will</u>.
A: Jessy는 오늘 밤 그녀의 아빠와 외식할 거니?
B: 어, 그럴 거야.

UNIT **23** can

1 John can run a mile in five minutes.
John은 5분 안에 1마일을 달릴 수 있다.

2 Anybody can make mistakes.
누구든지 실수를 할 수 있다.

3 A: Can you do me a favor?
B: Sure. What is it?
A: 부탁 하나만 들어줄 수 있니?
B: 물론이지. 뭔데?

4 Can't you stay still?
가만히 좀 있을 수 없니?

5 The rumors can't be true.
그 소문들은 사실일 리가 없어.

6 She is able to ride a horse backwards. Her horse hates it.
그녀는 말을 거꾸로 탈 수 있다. 그녀의 말은 그것을 싫어한다.

7 I won't be able to have lunch with you today.
오늘 너하고 점심을 먹을 수 없을 거야.

8 Only Thor can pick up his hammer.
오직 Thor만이 그의 망치를 들 수 있다.

9 People are not able to breathe under water.
사람들은 물속에서 숨을 쉴 수 없다.

10 "You can run as fast as lightning with your new powers."
"너는 새로운 능력으로 번개만큼이나 빨리 달릴 수 있다."

11 We could understand each other without talking.
우리는 말하지 않고도 서로를 이해할 수 있었다.

12 A: Could you reconsider your judgement on the case?
B: No, never.
A: 그 사건에 대한 판단을 재고해주시겠어요?
B: 절대 안됩니다.

13 That <u>can't be</u> Ryan. He's in Manhattan now.
저 사람은 Ryan일 리가 없어. 그는 지금 맨하탄에 있어.

14 Ned <u>is able to get</u> a scholarship this semester.
Ned는 이번 학기에 장학금을 받을 수 있다.

15 A: <u>Can</u> you <u>drive</u> me home this evening?
B: Sorry, but I <u>can't</u>. I have a date.
A: 저녁에 저 좀 집으로 태워주실 수 있으세요?
B: 미안하지만 안되겠다. 데이트가 있거든.

UNIT **24** may

1 May I go to the bathroom?
화장실 다녀와도 되나요?

2 Ma'am. You may not park your car here.
부인, 여기서 주차를 하시면 안 됩니다.

3 We may see the sunrise over Machu Picchu.
우리는 마추픽추 위로 일출을 볼 수 있을 지도 몰라.

4 He's an excellent player. He may win the competition.
그는 훌륭한 선수예요. 아마 그 대회에서 이길 거예요.

5 A: May I give a biscuit to your bulldog?
B: No, you may not.
A: 당신의 불독에게 비스킷을 줘도 되나요?
B: 아니오, 안됩니다.

6 The thief may be an employee in this company.
그 절도범은 이 회사의 직원일지도 모릅니다.

7 She may not be able to call you back. She's busy.
그녀는 당신에게 다시 전화 할 수 없을 수도 있습니다. 그녀는 바쁩니다.

8 A: May I take you to dinner sometime?
B: Yes, you can.
A: 언젠가 저녁식사 대접해드려도 될까요?
B: 네, 그러셔도 됩니다.

9 You might be right. I may be wrong.
네가 옳을 지도 몰라. 내가 틀릴 수도 있어.

10 The barista may be out of his mind. He put salt in my cappuccino.
그 바리스타는 제정신이 아닌가 봐. 내 카푸치노에 소금을 넣었어.

11 "People may not see you passing by them when you run fast."
"네가 빨리 달릴 때 사람들은 네가 그들을 지나가는 것을 보지 못 할 것이다."

12 An electric car may not be the right answer for our air pollution.
전기 자동차가 우리의 대기 오염에 대한 옳은 해결책이 아닐지도 모른다.

13 That thing <u>may not be</u> a human.
저것은 사람이 아닐 수도 있어.

14 A: <u>May</u> I <u>come in</u> now?
B: Sorry, you can't.

A: 이제 들어가도 되나요?
B: 미안하지만 안됩니다.

15 Dad: You <u>may go</u> to the party tonight. But call me every 30 minutes.

아빠: 넌 오늘 밤에 파티에 가도 된다. 하지만 30분마다 나에게 전화해야 한다.

14 You <u>have to show</u> your grades to your mother.
너는 너의 어머니께 너의 점수를 보여드려야 해.

15 Mr. Castro <u>had to hire</u> expensive lawyers for his defense.
Castro 씨는 법정에서 그의 변호를 위해 비싼 변호사들을 고용해야만 했다.

UNIT 25 have to

1 I have to go now.
난 지금 가야 해.

2 Nancy has to carry her brother home.
Nancy는 남동생을 집으로 데려와야 한다.

3 When do you have to pay your taxes?
당신은 언제 세금을 내야 하나요?

4 The old man had to take the pills for three months.
그 노인은 3개월 동안 알약을 먹어야 했다.

5 Why did she have to leave me?
그녀는 왜 나를 떠나야 했나요?

6 Teacher: You have to get a haircut. It's too long.
선생님: 머리 잘라야겠다. 그건 너무 길어.

7 "You have to keep this secret from everyone, even your mom."
"너는 이것을 모두에게 비밀로 해야 한다, 심지어 너의 엄마에게도."

8 The criminal will have to stay in prison until 2050.
그 범죄자는 2050년까지 감옥에 있어야 할 것이다.

9 A: (on the phone) I can't hear you. You have to speak louder.
B: OKAY. CAN YOU HEAR ME NOW?
A: (전화로) 잘 안 들려. 너는 좀 더 크게 말해야해.
B: 알았어. 이제는 들리니?

10 Charles got fired last month. He had to find another job.
Charles는 지난달에 해고당했어. 그래서 다른 일을 찾아야 했어.

11 A: Does every smile have to mean happiness?
B: No, it doesn't.
A: 모든 미소가 꼭 행복을 의미해야 할까요?
B: 아니오, 그렇지 않습니다.

12 In a democratic society, every conscious citizen has to vote.
민주주의 사회에서 모든 의식 있는 시민은 투표를 해야 한다.

13 <u>Do</u> you really <u>have to wear</u> those mountain clothes?
당신은 정말로 저 등산복을 입어야 합니까?

UNIT 26 should

1 You should cross at the crosswalk.
여러분은 횡단보도에서 건너야 합니다.

2 Should I go now or later?
내가 지금 가야할까, 나중에 가야할까?

3 You shouldn't drive on the right in Jamaica.
너는 자메이카에서 오른쪽에서 운전하면 안 돼.

4 Honey, we really should buy that fancy house!
자기야, 우리 저 멋진 집 꼭 사야해!

5 A: What should I do?
B: You should go see a doctor.
A: 내가 무엇을 해야 하나요?
B: 병원에 가봐야 해.

6 You should wash your hands before eating.
여러분은 식사 전에 손을 씻어야 합니다.

7 We should respect the elderly.
우리는 노인들을 공경해야 한다.

8 Everybody is standing in line. You should not cut in line.
모든 사람이 줄을 서 있다. 당신은 끼어들면 안 된다.

9 They should do something about this terrible bus service.
그들은 이 형편없는 버스 서비스에 대해 무언가를 해야 한다.

10 "You should use your powers only when they are really necessary."
"너는 정말로 필요할 때에만 너의 힘을 써야 한다."

11 In group activities, you ought to follow your leader.
그룹 활동에서는, 여러분은 지도자를 따라야 합니다.

12 Ms. de Borg should forgive her son for her own peace of mind.
de Borg 씨는 그녀 자신의 마음의 평화를 위해 그녀의 아들을 용서해야 한다.

13 They <u>should put</u> warning labels.
그들은 경고딱지를 붙여야 한다.

14 A: <u>Should</u> we <u>leave</u> some pizza for her?
B: Do we really have to?
A: 그녀를 위해 피자를 좀 남겨 놔야 할까?
B: 우리가 정말 그럴 필요가 있을까?

15 From now on, you shouldn't bully my little brother.

이제부터 너희들은 내 남동생을 괴롭히면 안 된다.

1 (yawning) I must take a nap now.

(하품하면서) 난 지금 낮잠을 자야겠어.

2 You must be joking! Hahaha!

농담하고 계심에 틀림없군요! 하하해!

3 A: Mom, do I have to take out the garbage now?

B: Yes, you must do it now.

A: 엄마, 쓰레기를 지금 갖고 나가야 해요?

B: 그래, 그것을 지금 해야만 한단다.

4 We must not steal other people's money.

우리는 남의 돈을 훔쳐서는 안 된다.

5 All passengers must wear their seatbelts at all times.

모든 승객들은 항상 안전벨트를 매야 합니다.

6 The story sounds unrealistic, but it must be true.

그 이야기는 비현실적으로 들리지만, 사실임에 틀림없어.

7 Every student must wear a uniform in school.

모든 학생들은 학교 안에서는 교복을 입어야한다.

8 I can't find my earrings. They must be here somewhere.

나는 내 귀걸이를 찾을 수 없어. 그것들은 여기 어딘가에 있을 텐데 말이야.

9 Alfredo didn't eat anything all day. He must be hungry.

Alfredo는 하루 종일 아무것도 먹지 않았어. 그는 틀림없이 배가 고플 거야.

10 Coconut oil must be a heavenly ingredient.

코코넛오일은 천국의 재료임이 틀림없다.

11 "And Jake, you must not say anything about this, either."

"그리고 Jake, 너도 이 일에 대해 어떠한 것도 말해서는 안 된다."

12 A: That boy must be Keanu.

B: He cannot be. He's in the PC café now.

A: 저 소년은 Keanu임에 틀림없어.

B: 그일 리가 없어. 그는 지금 피시방에 있거든.

13 He must drop by the bank today.

그는 오늘 꼭 은행에 들러야 한다.

14 Thieves: Don't move! They must be the cops.

도둑들: 움직이지 마! 저들은 경찰임에 틀림없어.

15 A: Must I give my doll to my brother?

B: No, you don't have to.

A: 내가 내 인형을 꼭 남동생에게 줘야 하나요?

B: 아니, 그럴 필요 없어.

1 You don't have to bring your laptop.

너는 노트북컴퓨터를 가져올 필요가 없어.

2 Mr. Thin doesn't have to lose weight.

Thin 씨는 그의 살을 뺄 필요가 없다.

3 She didn't have to worry about her retirement.

그녀는 은퇴에 대해 걱정하지 않았어도 됐어.

4 Today is Sunday. You don't have to wake up early.

오늘은 일요일이야. 너는 일찍 일어나지 않아도 된다.

5 You don't have to tidy up now. I'll do it later.

너는 지금 치우지 않아도 돼. 내가 나중에 할게.

6 Waldo is a millionaire. He doesn't have to work like you.

Waldo는 백만장자이다. 그는 너처럼 일할 필요가 없다.

7 Hooray! I don't have to do the laundry this week.

만세! 나는 이번 주에는 빨래를 하지 않아도 된다.

8 He doesn't have to keep this secret anymore.

그는 더 이상 비밀을 지키지 않아도 된다.

9 You don't have to feel stupid for your mistake.

네 실수 때문에 스스로 멍청하다고 느낄 필요는 없다.

10 "We don't have to let anyone else know about this, okay?"

"우리는 다른 누구라도 이 일에 대해 알도록 할 필요는 없어, 알겠지?"

11 In ethics, questions don't always have to have only one correct answer.

윤리에서는, 어떤 문제가 꼭 단 하나의 정답만을 가져야 하는 것은 아니다.

12 You don't have to water the plant. The automatic sprinklers will do it for you.

식물에 물을 주실 필요 없습니다. 자동 스프링클러가 당신을 위해 그 일을 할 것입니다.

13 Oh, you don't have to stand up.

오, 일어설 필요는 없어요.

14 Sergey didn't have to apologize to her.

Sergey는 그녀에게 사과할 필요는 없었다.

15 Why doesn't she have to participate in the group work?

왜 그녀는 모둠 작업에 참여할 필요가 없는 거죠?

Chapter 06 / 부정사

UNIT 29 to부정사의 명사적 용법

1 To drink water is good for your health.
물을 마시는 것은 건강에 좋다.

2 I want to ride my bicycle.
나는 내 자전거를 타고 싶어요.

3 My wish is to build a city for children.
나의 바람은 어린이들을 위한 도시를 건설하는 것이야.

4 A: Mr. Owl has night blindness.
B: He needs to take vitamin A.
A: Owl 씨는 야맹증이 있어.
B: 그는 비타민 A를 섭취할 필요가 있어.

5 Ling Ling planned to open her own Chinese restaurant.
Ling Ling은 그녀만의 중국 음식점을 열려는 계획을 세웠다.

6 A: To live with Josh is so terrible! He doesn't like to shower.
B: What?
A: Josh와 함께 사는 것은 최악이야! 그는 샤워하는 걸 좋아하지 않아.
B: 뭐?

7 It isn't helpful to eat junk food at night.
밤에 정크 푸드를 먹는 것은 도움이 되지 않는다.

8 Ignacio's dream is to take his country out of poverty.
Ignacio의 꿈은 그의 나라를 가난으로부터 건져내는 것이다.

9 This croissant seems to be too sweet.
이 크루아상은 너무 단 것처럼 보인다.

10 Bruce Lee expected to win the cha-cha competition.
Bruce Lee는 차차 대회에서 우승하기를 기대했다.

11 Andrew and Jake decided to keep this secret and answered "Yes!"
Andrew와 Jake는 이 비밀을 지키기로 결심했고 "예!"라고 답했다.

12 To improve is to change; to be perfect is to change often. – Winston Churchill
개선한다는 것은 변화한다는 것이고, 완벽하다는 것은 자주 변화하는 것이다. - 윈스턴 처칠

13 I hope to go to Jisan World Rock Festival.
나는 지산 월드 락 페스티벌에 가고 싶다.

14 It is hard to learn a foreign language.
외국어를 배우는 것은 어렵다.

15 To keep your promise is to build your credit.
당신의 약속을 지키는 것이 당신의 신뢰를 형성하는 것입니다.

UNIT 30 의문사 + to부정사

1 I don't know what to say.
나는 뭐라고 말해야 할 지 모르겠어.

2 Where to put the TV was the problem.
TV를 어디에 둬야 할지가 문제였다.

3 Tony didn't ask us when to leave for Iceland.
Tony는 우리에게 언제 아이슬란드로 떠날지 묻지 않았다.

4 Mario doesn't know how to jump well.
Mario는 잘 뛰는 방법을 모른다.

5 Christine never knows which to choose.
Christine은 항상 무엇을 선택해야 할지 모른다.

6 Andrew said, "I will be careful about how to use my powers."
Andrew는 말했다. "제 힘을 어떻게 사용할지 주의하겠어요."

7 Director Ramsey knew where to catch the suspect.
Ramsey 국장은 어디서 용의자를 잡을지를 알고 있었다.

8 Would you tell me what color to paint this wall?
이 벽을 무슨 색으로 칠할지 나에게 말해줄 수 있나요?

9 They are discussing where to put the advertisement.
그들은 그 광고를 어디에 붙일지 의논 중이다.

10 Violetta is not sure whom to go to the gallery with.
Violetta는 미술관에 누구와 함께 갈지 모른다.

11 Mr. Tyler wants to know what to do for his health.
Tyler 씨는 건강을 위해 무엇을 해야 할 지 알고 싶어 한다.

12 Professor Wang will teach us how to keep our desks clean.
Wang 교수님께서 우리에게 책상을 깔끔하게 유지시키는 방법을 가르쳐주시겠습니다.

13 The mouse was looking for where to hide.
그 생쥐는 숨을 곳을 찾고 있었다.

14 Hilton wrote, "Which car to drive to a summer wedding?"
Hilton은 "여름 결혼식에는 어떤 차를 타고 가지?"라고 썼다.

15 The firefighter explained how to escape the building in an emergency.
그 소방관은 비상시 건물을 나가는 방법에 대해 설명했다.

UNIT 31 to부정사의 형용사적 용법

1 We have nothing to lose.
우리는 잃을 것이 없다.

2 We boiled eggs to share on Easter.
우리는 부활절에 나눌 계란들을 삶았다.

3 Don't we need more chairs to sit on?
우리가 앉을 의자들이 더 많이 필요하지 않니?

4 A: Hey, I have something serious to tell you.
  B: What is it?
  A: 너에게 말해줄 심각한 것이 있어. B: 뭔데?

5 Mike bought a robot dog to play with.
Mike는 함께 놀 로봇 강아지를 샀다.

6 Wow! This shop has a lot of items to buy.
와우! 이 가게에는 사야 할 많은 물건이 있어.

7 The ants found a place to store their food.
그 개미들은 그들의 음식을 저장할 장소를 찾았다.

8 Ricky doesn't have any partner to dance with.
Ricky는 함께 춤 출 파트너가 없다.

9 This program has a lot of errors to fix.
이 프로그램은 고칠 에러가 많다.

10 Sorry, but we are out of any bread to share.
미안하지만 더 이상 나눠드릴 빵이 없어요.

11 The God of Inner Power said, "Andrew, I'll tell you something important to remember."
내공의 신이 말했다. "Andrew, 기억해야 할 중요한 것을 말해주마."

12 Sergio has no friends to confide in or support him.
Sergio는 비밀을 털어놓거나 그를 지지해줄 친구가 없다.

13 Why don't we have something to drink?
우리 뭔가 마시는 게 어때요?

14 Isaac is happy to get a new room to study in.
Isaac은 새로운 공부방을 받게 되어서 행복하다.

15 The executives of the resort had to find a way to solve their financial problems.
그 리조트의 임원들은 재정문제를 해결하기 위한 방법을 찾아야만 했다.

5 Hanguel is not difficult to read and write.
한글은 읽고 쓰기가 어렵지 않아.

6 Elizabeth was shocked to hear the rumor about her boyfriend.
Elizabeth는 그녀의 남자친구에 대한 소문을 듣고 충격을 받았다.

7 The lonely crane lived to be 86 years old.
그 외로운 학은 86세까지 살았다.

8 They spoke quietly not to wake the children.
그들은 아이들이 깨지 않게 하기 위해 조용히 말했다.

9 Samson got angry to find her deception.
삼손은 그녀의 속임수를 알게 되어서 화가 났다.

10 Jimmy's guitar playing is hard to copy.
Jimmy의 기타연주는 모방하기 어렵다.

11 "After running for ten minutes, you have to stop for one minute to prevent a heart attack."
"10분을 달린 후에, 심장마비를 예방하기 위해서 너는 1분 동안 멈춰야 한다."

12 Inpyo woke up to find he was suddenly very popular.
인표는 일어나서 갑자기 자기가 유명해진 것을 알게 되었다.

13 I am very pleased to meet you, Mr. Keating!
Keating 선생님 만나게 되어서 정말 기쁩니다.

14 We need two more boys to make a team.
우리는 팀을 만들기 위해 소년이 두 명 더 필요해.

15 Kar Wai Wong grew up to be a well known movie director.
왕가위는 자라서 유명한 영화 감독이 되었다.

Chapter 07 / 동명사

UNIT 32 to부정사의 부사적 용법

1 I'm sorry to bother you.
방해해서 미안합니다.

2 Nana went to Thailand to play golf.
나나는 골프를 치기 위해 태국으로 갔다.

3 Everybody was surprised to see Ariana on the street.
모두가 Ariana를 길거리에서 봐서 놀랐다.

4 Life doesn't have to be perfect to be wonderful.
삶이 멋지기 위해서 완벽할 필요는 없다.

UNIT 33 동명사

1 Finding a parking space is quite difficult in this area.
주차 공간을 찾는 것은 이 지역에서 꽤나 어려워.

2 Exam: Stop avoiding me.
시험: 나를 그만 거부해.

3 Your mistake was talking too much in front of her.
너의 실수는 그녀 앞에서 말을 너무 많이 했다는 거야.

4 Making fun of other people is not fun for them.
다른 사람을 놀리는 것은 그들에게 재미있지 않다.

5 Laura dreams of living on a small island.
Laura는 작은 섬에 사는 꿈을 꾼다.

6 Mr. Nedialkov enjoys fishing on his yacht.
Nedialkov 씨는 그의 요트에서 낚시하는 것을 즐긴다.

7 After watching a plane crash, I avoid airplanes.
항공기 사고를 본 후, 나는 비행기를 피한다.

8 Not getting a good grade is too sad.
좋은 성적을 얻지 못하는 것은 너무 슬프다.

9 Thank you for inviting me to tonight's party.
오늘밤 파티에 초대해 주셔서 감사합니다.

10 Mary and Kate love to go hiking every weekend.
Mary와 Kate는 매 주말마다 등산하러 가는 것을 정말 좋아합니다.

11 Sending roses is just a waste of time, buddy, because she's mine.
장미들을 보내는 것은 시간낭비일 뿐이야, 친구, 왜냐하면 그녀는 나의 것이니까.

12 "Don't worry. Running for more than ten minutes at a time is impossible for me," Andrew answered.
"걱정 마세요. 한번에 10분 이상 달리는 것은 저는 불가능해요."라고 Andrew가 답했다.

13 The nurse doesn't mind working the night shift.
그 간호사는 야간 근무를 꺼리지 않는다.

14 Her supernatural power is becoming invisible.
그녀의 초능력은 눈에 보이지 않게 되는 것이다.

15 Jogging 30 minutes a day is the secret to my youth.
매일 30분씩 조깅하는 것이 제 젊음의 비결입니다.

Chapter 08 / 부사

1 Traveling abroad is always interesting.
외국을 여행하는 것은 항상 흥미롭다.

2 Italian suits are usually very expensive.
이탈리아 정장은 보통 매우 비싸다.

3 You often make the mistake of calling me Mary.
너는 종종 나를 Mary라고 부르는 실수를 한다.

4 It seldom snows in Sydney.
시드니엔 좀처럼 눈이 오지 않는다.

5 Winners never quit and quitters never win.
승리자는 절대 그만두지 않고 포기하는 자는 절대 승리하지 못한다.

6 What kind of music do you usually listen to?
보통 어떤 종류의 음악을 들으시나요?

7 A: Honey, what day is it today?
B: Today? It's Wednesday.
A: It's my birthday. You always forget!
A: 자기야, 오늘이 무슨 날인지 알아?
B: 오늘? 수요일.
A: 내 생일이야. 당신은 항상 잊어버리지!

8 My cute lizard usually eats yellow worms for breakfast.
내 귀여운 도마뱀은 아침으로 보통 밀웜을 먹는다.

9 Sometimes she puts me in a mental breakdown.
그녀는 가끔 나를 멘붕시켜.

10 Swiss watches seldom break.
스위스 시계는 좀처럼 고장 나지 않아.

11 The God emphasized "You should make it rule number one and always stick to it!"
그 신은 "그 점을 너의 제1규칙으로 만들고, 항상 그 규칙을 지켜야 한다!"고 강조했다.

12 During summer, the sun never goes down in the North Pole.
여름 동안에, 북극에서는 태양이 절대로 지지 않는다.

13 A: Isn't Isabel a vegetarian?
B: No, she sometimes eats white meat.
A: Isabel은 채식주의자 아니야?
B: 응, 그녀는 가끔 흰살 고기는 먹어.

14 The temperature seldom drops below 0°C here.
여기는 기온이 좀처럼 섭씨 0도 이하로 떨어지지 않습니다.

15 The black consumer is always complaining about the service.
그 블랙 컨슈머는 항상 서비스에 대해 불평한다.

Chapter 09 / 비교

1 This lake is as deep as the ocean.
이 호수는 바다만큼이나 깊다.

17

2 Aurora is as beautiful as emerald.
오로라는 에메랄드만큼이나 아름답다.

3 Ken must be as strong as Ryu.
Ken은 Ryu만큼이나 강한 게 틀림없다.

4 My dad snores as loudly as my mom.
우리 아빠는 우리 엄마만큼 시끄럽게 코를 고신다.

5 We are late! You have to drive as fast as you can.
우리 늦었어! 네가 할 수 있는 한 빠르게 운전해야 해.

6 This little girl knows as much as a college student!
이 작은 소녀가 대학생만큼이나 많이 아네!

7 His voice sounds as good as the voice actor's.
그의 목소리는 성우의 목소리만큼 듣기 좋다.

8 This watch is as expensive as my uncle's car!
이 시계가 우리 삼촌 차만큼이나 비싸네!

9 Are you really on my back? You are as light as a feather!
너 정말 내 등에 업힌 게 맞니? 너 깃털만큼 가볍구나!

10 The Red Sea is as red as fire in the evening.
홍해는 저녁에 불만큼이나 붉다.

11 "This rule is as important as not forgetting to breathe."
"이 규칙은 숨쉬기를 까먹지 않는 것만큼이나 중요하단다."

12 I can't climb mountains as well as I could last year.
나는 작년만큼 산을 잘 오르지 못합니다.

13 You are as young as you feel.
당신은 당신이 느끼는 만큼 젊습니다.

14 Does she dance as powerfully as BoA?
그녀는 BoA 만큼이나 힘있게 춤을 추니?

15 Bicycles can be as fast as automobiles in big cities.
자전거는 대도시에서 자동차만큼이나 빠를 수 있다.

UNIT **36** 원급 비교의 부정

1 I am not as diligent as Kenneth.
나는 Kenneth만큼 성실하지 않다.

2 You are not so smart as Kim Jeonil is.
너는 김전일만큼 똑똑하지 않다.

3 The violin's sound is not so low as the cello's.
바이올린 소리는 첼로만큼 음이 낮지 않다.

4 Your mobile phone is not as trendy as mine.
너의 휴대폰은 나의 것만큼 최신 유행이 아니다.

5 Your mom isn't as strict as my mom.
너의 엄마는 우리 엄마만큼 엄격하지 않아.

6 "All the other things are not as important as this rule."
"다른 모든 것들은 이 규칙만큼 중요하지 않단다."

7 This bus isn't as crowded as subway line 2.
이 버스는 지하철 2호선만큼 붐비지 않는다.

8 A kangaroo doesn't sleep as much as a koala.
캥거루는 코알라만큼 많이 자지 않아요.

9 The boy band is not as successful as BigBang.
저 보이 밴드는 빅뱅만큼 성공적이지 않다.

10 Japanese grammar is not as difficult as Chinese grammar.
일본어 문법은 중국어 문법만큼 어렵지 않다.

11 In the USA, the streets are not as narrow as in the UK.
미국에서 길은 영국만큼 좁지 않다.

12 In Korea, it is not as hot during the summer as in Taiwan.
한국에서는 여름이 대만만큼 덥지 않다.

13 Your bicycle is not so(as) heavy as mine.
너의 자전거는 내것만큼 무겁지 않구나.

14 Living without money isn't as(so) difficult as living without love.
돈 없이 사는 것은 사랑 없이 사는 것 만큼 어렵지는 않다.

15 Mr. Lee doesn't have as many cars as Mansour does.
이 씨는 Mansour만큼 많은 차를 가지고 있지 않다.

UNIT **37** 비교급1: 규칙 변화

1 In fact, I am younger than you are.
사실, 나는 너보다 더 어려.

2 Gold is heavier than copper.
금은 구리보다 무겁다.

3 Egypt is much hotter than Sweden.
이집트는 스웨덴보다 훨씬 더 덥다.

4 Health is more important than test results.
건강은 시험 성적보다 더 중요하다.

5 His house is larger than mine, yours, and your friend's.
그의 집은 나의 것, 너의 것, 그리고 네 친구 것보다 더 커.

6 A roller coaster is more exciting than a carousel.
롤러코스터가 회전목마보다 더 신난다.

7 The Pacific Ocean is deeper than the Arctic Ocean.
태평양은 북극해보다 깊다.

8 Is the Korean singer more popular in Mexico than in Korea?

그 한국인 가수는 한국에서보다 멕시코에서 더 인기가 있나요?

9 Sometimes, silence can be louder than screaming.

때때로 침묵이 비명보다 더 클 수도 있다.

10 Everyone is taller in the morning than in the evening.

모든 사람들은 저녁보다 아침에 더 크다.

11 Jake said, "You should choose a more exciting name than Andrew if you're a superhero."

"너가 슈퍼히어로라면 Andrew보다 더 흥미로운 이름을 골라야 해."라고 Jake가 말했다.

12 Amy had a car accident last month. Now, she drives more carefully than before.

Amy는 지난달에 자동차 사고를 겪었다. 지금 그녀는 전보다 더 조심히 운전한다.

13 Her necklace is fancier than yours.

그녀의 목걸이가 네 것보다 더 화려하다.

14 Are metals more useful than non-metals?

금속이 비금속보다 더 유용하나요?

15 The principal's speech is more boring than the radio news.

교장선생님의 연설은 라디오 뉴스보다 지루하다.

UNIT 38 비교급2: 불규칙 변화

1 My work is better than yours.

내 작품이 너의 것보다 나아.

2 He stayed at the cinema later than you.

그는 너보다 더 늦게 극장에 머물렀다.

3 Mr. King plays chess worse than I do.

King 씨는 나보다 체스를 못한다.

4 The squirrel gathered more acorns than usual.

그 다람쥐는 평소보다 더 많은 도토리를 모았다.

5 The subway is better than the bus to travel quickly.

빨리 이동하기 위해서는 버스보다 지하철이 더 낫다.

6 He arrived here in less than one hour.

그는 한 시간도 안 되서 여기에 도착했다.

7 Perhaps I have a better idea than yours.

아마 내가 너보다 더 좋은 생각이 있어.

8 Unfortunately his health got worse than before.

불행히도 그의 건강은 전보다 더 나빠졌다.

9 Kenshaw threw the ball farther than anyone else on the team

Kenshaw는 그 팀의 다른 사람보다 공을 더 멀리 던졌다.

10 Learning Chinese takes less time than learning English.

중국어를 배우는 것은 영어를 배우는 것보다 시간이 덜 걸린다.

11 Why do female migratory birds arrive later than males?

왜 암컷 철새들이 수컷보다 더 늦게 도착할까?

12 "There will be less risk of compromising your secret if you have a new name and a new costume."

"만약 네가 새로운 이름과 새로운 코스튬이 있으면 너의 비밀을 노출시킬 위험이 더 적을 거야."

13 Seoyeon eats less than I do.

서연은 나보다 더 적게 먹는다.

14 They had to travel farther than they planned.

그들은 계획했던 것보다 더 멀리 여행해야 했다.

15 The situation will become worse than you can imagine.

그 상황은 네가 상상하는 것보다 더 나빠질 것이다.

UNIT 39 Which[Who] is + 비교급, A or B?

1 Who is stronger, Josh or John?

Josh와 John 중 누가 더 힘세니?

2 Which is better, contacts or glasses?

콘택트렌즈와 안경 중에 어떤 것이 더 나을까?

3 Whose car is faster, his or yours?

누구 차가 더 빠르니, 그의 것 아니면 네 것?

4 Who got up earlier, you or your brother?

너와 네 남동생 중 누가 더 일찍 일어났니?

5 Who is a more talented singer, him or me?

그와 나 중 누가 더 재능 있는 가수니?

6 Who was happier, the hare or the tortoise?

그 토끼와 그 거북이 중 누가 더 행복했을까?

7 "Which is better, Lightningman or Flashman?"

"어느 게 더 좋을까? Lightningman 아니면 Flashman?"

8 Who do you want to see more, Michael or Jackson?

누구를 더 보고 싶니, Michael 아니면 Jackson?

9 Which notebooks are yours, the left ones or the right ones?

왼쪽 것들과 오른쪽 것들 중 어떤 공책이 너의 것이니?

10 Whom did she spend more time with, Charlie or Jason?

그녀는 Charlie와 Jason 중에서 누구와 더 많은 시간을 보냈니?

11 Which machine makes less noise, this one or that one?

어느 기계가 덜 시끄럽니, 이거 아니면 저거?

12 Whose sons are more diligent, Anna's or Juliette's?

Anna와 Juliette의 아들들 중 누구의 아들들이 더 부지런하니?

13 Who is taller, your mom or dad?

너의 엄마와 아빠 중 누가 더 크니?

14 Which book is more interesting, Harry Potter or your English textbook?

Harry Potter와 네 영어 교과서 중 어떤 것이 더 재미있니?

15 Which is more comfortable, lying on your back or lying face down?

눕는 것과 엎드리는 것 중 어느 것이 더 편할까?

Chapter 10 / 동사

UNIT **40** 감각동사 + 형용사

1 I feel good, so good.

나는 기분이 좋아, 아주 좋아.

2 You look sad. Are you ok?

당신은 슬퍼 보여요. 괜찮아요?

3 Mommy! Today's breakfast tastes very good.

엄마! 오늘 아침 정말 맛있어요.

4 Doesn't this song sound familiar?

이 노래 좀 친숙하게 들리지 않아?

5 This silk scarf feels smooth.

이 실크 목도리는 부드럽게 느껴진다.

6 "Flashman sounds catchy!" Andrew answered.

Andrew가 답했다 "Flashman이 기억하기 쉽다!"

7 The cat looks so lovely.

그 고양이는 정말 사랑스러워 보인다.

8 The noodles smelled very bad and I couldn't eat them.

그 국수는 냄새가 너무 고약해서 나는 그것을 먹을 수 없었다.

9 That dog looks as tall as a horse.

저 개는 말 만큼이나 커 보인다.

10 You know what? I just said hello to a stranger. He looked like you.

너 알아? 나 방금 낯선 사람한테 인사했어. 그가 너처럼 보였거든.

11 The river under the bridge smells worse in the summer.

다리 밑 그 강은 여름에 더 악취가 난다.

12 A: Hey, witch. What are you smelling?

B: Hmm... It smells like teen spirit.

A: 이봐 마녀. 무슨 냄새를 맡고 있는 거야?

B: 음… 십대의 영혼 같은 냄새가 나.

13 You sound so romantic to say so.

그렇게 말하다니 너는 매우 로맨틱한 것처럼 들린다.

14 Is this really strawberry juice? It tastes like raspberry.

이거 정말 딸기 주스예요? 라즈베리같은 맛이 나네요.

15 Without any curves, this bike road feels boring.

굽은 길도 하나 없어서, 이 자전거 길은 지루하게 느껴진다.

UNIT **41** 수여동사1 : 4형식 형태

1 Dan, I made you some cookies.

Dan, 당신에게 약간의 쿠키를 만들었어요.

2 Haruki doesn't write me love letters anymore.

Haruki는 더 이상 나에게 사랑편지를 쓰지 않는다.

3 Did a ninja teach you karate?

닌자가 너에게 가라데를 가르쳐 줬니?

4 She didn't show the policeman her driver's license.

그녀는 경찰관에게 그녀의 운전 면허증을 보여주지 않았다.

5 The prince built the princess a cute castle.

왕자님은 공주님을 위해 작고 예쁜 성 하나를 지어 주었다.

6 Jon, I lost my glasses. Will you read me the newspaper?

Jon, 내가 안경을 잃어버렸어. 나에게 신문 좀 읽어 주겠니?

7 The God said, "I will give you the name of Flashman."

그 신이 말했다, "너에게 Flashman이라는 이름을 주겠노라."

8 They got me a wallet, but I didn't like it.

그들은 나에게 지갑을 사주었지만 나는 그것을 좋아하지 않았다.

9 He sent the little girl a Barbie doll as a reward.

그는 작은 여자아이에게 바비인형을 상으로 보내주었다.

10 Friends buy you food. Best friends eat your food.

친구는 너에게 음식을 사준다. 가장 친한 친구는 너의 음식을 먹어준다.

11 Susan B. Anthony brought American women the right to vote.

Susan B. Anthony는 미국 여성들에게 투표할 권리를 가져다주었다.

12 Great students ask their teachers the most basic questions.
훌륭한 학생들은 그들의 선생님께 가장 기본적인 질문들을 물어본다.

13 The referee gave her a warning.
심판은 그녀에게 경고를 했다.

14 Ashley cooked her husband roast beef.
Ashley는 그녀의 남편에게 로스트 비프를 요리해 주었다.

15 The old man doesn't sell passersby umbrellas on sunny days.
그 노인은 맑은 날에 행인들에게 우산을 팔지 않는다.

UNIT 42 수여동사2: 3형식 전환 형태

1 He gave a beautiful hairpin to her.
그는 그녀에게 아름다운 머리핀을 주었다.

2 Tarzan made some clothes for Jane.
Tarzan은 Jane을 위해 옷을 만들어주었다.

3 Brian cooked ramen for his mom.
Brian은 그의 엄마를 위해 라면을 요리했다.

4 Can I ask a favor of you?
호의를 부탁해도 될까요? (부탁 좀 해도 될까요?)

5 Jennifer finally gave it to me.
Jennifer가 마침내 그것을 나에게 주었다.

6 Yeonseo makes *gimbap* for elderly people.
연서는 노인들을 위해 김밥을 만든다.

7 Can you please pass the soy sauce to me?
제게 간장 좀 전달해 주시겠어요?

8 "And I brought this strong Flashman suit to you."
"그리고 내가 너에게 이 강력한 Flashman 옷을 가져왔다."

9 You don't have to buy a bottle of water for me.
너는 나에게 물 한 병을 사줄 필요는 없다.

10 The satellite sent a strange signal to the base.
그 인공위성은 본부에 이상한 신호를 보냈다.

11 I lent the book to him for his midterm exam.
나는 그의 중간고사를 위해 그에게 책을 빌려 주었다.

12 Girl 1: Thomas brought a rose to me yesterday.
Girl 2: He gave a bunch of roses to me.
소녀 1: Thomas가 나에게 어제 장미꽃 한 송이를 가져왔어.
소녀 2: 나에게 한 다발을 줬는데.

13 The girl showed her trophy to me.
그 소녀는 그녀의 트로피를 나에게 보여주었다.

14 My brother is building a playhouse for the kids.
내 남동생은 아이들을 위해 장난감 집을 짓고 있다.

15 Stupid students don't ask any questions of their teachers.
어리석은 학생들은 그들의 선생님들께 어떠한 질문도 하지 않는다.

UNIT 43 5형식 동사(make) + 목적어 + 명사/형용사

1 What made you upset?
무엇이 너를 속상하게 만들었니?

2 She made her son a dentist.
그녀는 그녀의 아들을 치과의사로 만들었다.

3 Education makes people wise.
교육이 사람들을 현명하게 만든다.

4 The moment made him more awkward.
그 순간은 그를 더 어색하게 만들었다.

5 The smell of the food makes us hungry.
그 음식의 냄새는 우리를 배고프게 한다.

6 Your touching story made me happy.
당신의 감동적인 이야기는 나를 행복하게 만들었습니다.

7 "Now, I will make myself invisible and watch over you."
"이제 나는 나 자신을 눈에 보이지 않게 만들고 너희들을 돌봐주겠다."

8 The cook always makes his guests happy.
그 요리사는 항상 그의 손님들을 행복하게 해준다.

9 The gunshots made the refugees nervous.
총소리가 피난민들을 불안하게 했다.

10 All work and no play makes Jack a dull boy.
일만 하고 놀지 않는 것은 Jack을 바보로 만든다.

11 Nancy came in second place. It'll make her mom disappointed.
Nancy가 2등으로 들어왔어. 그것은 그녀의 엄마를 실망시킬거야.

12 The unexpected quiz will make the students blank.
돌발퀴즈는 학생들을 멍하게 만들 거예요.

13 (sobbing) The world made me a loser.
(훌쩍거리며) 세상은 나를 패배자로 만들었어.

14 Trust me. I will make you famous among teens.
날 믿어. 나는 너를 십대들 사이에서 유명하게 만들 거야.

15 The difficulties made the boys very strong and inventive.
그 어려움들은 그 소년들을 매우 강하고 창의적으로 만들어주었다.

Chapter 11 / 전치사

UNIT 44 시간을 나타내는 전치사

1 My birthday is in February.
내 생일은 2월에 있어.

2 The garbage truck comes on Wednesdays.
쓰레기차는 매주 수요일에 온다.

3 Sandra will come back before sunset.
Sandra는 일몰 전에 돌아올 것이다.

4 They stayed indoors during the storm.
그들은 폭풍이 치는 동안 실내에서 머물렀다.

5 A: Cathy, you are late again.
B: No, I got here at 9:00 a.m.
A: Cathy, 너 또 늦었구나.
B: 아니에요. 저 여기에 오전 9시에 왔어요.

6 General Hwang waited here for 1,000 years for her.
황장군은 그녀를 여기에서 1,000년을 기다렸다.

7 The British and Irish quarrelled for seven centuries.
영국인들과 아일랜드인들은 7세기 동안 싸웠다.

8 A: When will the musical start?
B: The show will start at 7:00 p.m.
A: 그 뮤지컬이 언제 시작하나요?
B: 그 쇼는 오후 7시에 시작합니다.

9 At that moment, The God of Inner Power disappeared!
바로 그 순간, 내공의 신이 사라졌다!

10 Doctor: What's wrong with you?
Patient: I have insomnia. I always stay up until dawn.
의사: 무슨 일입니까?
환자: 저는 불면증이 있어요. 항상 새벽까지 깨어 있어요.

11 The Watson family hurried to church in the morning.
Watson 씨의 가족은 아침에 서둘러 교회에 갔다.

12 Sebin will learn Samba in Brazil during summer vacation.
세빈은 여름 방학에 브라질에서 삼바를 배울 거야.

13 A: When is the camping trip?
B: It is on next Friday.
A: 캠핑여행이 언제지? B: 다음 주 금요일이야.

14 The next morning, I woke up at 5 a.m. to see the sunrise.
다음날 아침 나는 일출을 보기 위해 오전 5시에 일어났다.

15 He usually goes to bed after taking a shower.
그는 보통 샤워 후에 자러 간다.

UNIT 45 장소·위치를 나타내는 전치사

1 I get off at this stop.
저 이번 정류장에서 내려요.

2 The clock on the wall is slow.
벽에 걸린 시계는 느리다.

3 A: Where is your car?
B: It is in the garage.
A: 네 차 어디에 있니? B: 그것은 차고 안에 있어.

4 The boat went under the bridge.
배는 다리 밑을 건너갔다.

5 Ann stood behind a tall guy in a long line.
Ann은 긴 줄에서 키 큰 남자 뒤에 서 있었다.

6 She was singing *The Boy Is Mine* next to me.
그녀는 내 옆에서 '그 소년은 나의 것이야'를 부르고 있었다.

7 Dad: I put up a sunbrella over the table.
Son: Good job! We won't get so hot.
아버지: 내가 테이블 위에 파라솔을 쳤어.
아들: 잘하셨어요! 우리는 많이 덥지 않을 거예요.

8 The most helpful friend is always near you.
가장 도움이 되는 친구는 항상 당신 근처에 있다.

9 I just picked up these coins by the vending machine!
나 방금 저 자동판매기 옆에서 이 동전들을 주웠다!

10 A deer is lying in front of a lion.
사슴 한 마리가 사자 앞에 누워 있다.

11 This is just between you and me. Don't tell anybody.
이것은 우리끼리의 이야기야. 아무에게도 얘기하지 마.

12 Lovely bluebirds were singing above my head.
사랑스런 파랑새들이 내 머리 위에서 노래하고 있었다.

13 This painting stands out among the entries.
이 그림이 출품작들 중에서 돋보이는군요.

14 There is a water tank beneath the floor.
이 바닥 바로 밑에는 물탱크가 있어.

15 Lots of people gathered around the scene of the accident.
많은 사람들이 그 사고의 현장 주위에 모였다.

16 A voice came from the sky, "Don't worry. I'm still with you. Keep going on the adventures in front of you."
하늘로부터 목소리가 들렸다 "걱정마라, 나는 여전히 너희들과 함께 있다. 너희들 앞에 있는 모험들을 계속 하려무나."

17 Rachel saw a spider on the ceiling.
Rachel은 천장에 있는 거미 한 마리를 보았다.

18 The missing doll was under the table.
잃어버린 인형은 테이블 밑에 있었다.

19 At a wedding, the bride stands <u>next to</u> the groom.

결혼식에서 신부는 신랑 옆에 선다.

20 Teenagers squeeze their pimples <u>in front of</u> a mirror.

십대들은 거울 앞에서 그들의 여드름을 짠다.

UNIT **46** 방향을 나타내는 전치사

1 This train came from Barcelona.

이 기차는 바르셀로나에서 왔다.

2 Some heavy fog moved into the city.

강한 안개가 도시로 이동했다.

3 Vincent goes to the cathedral every Saturday.

Vincent는 매주 토요일에 성당에 간다.

4 Vivian is going up the escalator.

Vivian은 에스컬레이터를 타고 위로 올라가고 있다.

5 We have to walk up a lot of stairs to get to the temple.

우리는 사원에 가기 위해 많은 계단을 올라가야 한다.

6 Then, a fire alarm suddenly rang from the gym.

그때, 갑자기 화재경보가 체육관으로부터 울렸다.

7 A: Hey, Rachel! Where are you going?

B: I'm going to the last dungeon.

A: 야, Rachel! 어디에 가는 중이야?

B: 나는 마지막 던전에 가고 있어.

8 The fire will spread here soon. We have to get out of here immediately!

불이 곧 여기에 퍼질 거야. 우리는 즉시 밖으로 나가야 해!

9 James came into the coffee shop to avoid the pouring rain.

James는 쏟아지는 비를 피하기 위해 커피숍으로 들어왔다.

10 Actually, going down a mountain is more dangerous than going up one.

사실 산을 내려오는 것이 올라가는 것 보다 더 위험하다.

11 The train for City Hall is now approaching. Please wait behind the yellow line.

지금 시청행 열차가 들어오고 있습니다. 노란선 뒤에서 기다려주시기 바랍니다.

12 That horse must be tired. He is coming from the Far Far Away Kingdom

저 말은 분명히 피곤할 거야. 그는 엄청 먼 왕국으로부터 오는 중이야.

13 You can see the bridge <u>from</u> the airport.

당신은 공항에서 그 다리를 볼 수 있습니다.

14 He climbed <u>up</u> the highest mountain in the country.

그는 그 나라에서 가장 높은 산을 올라갔다.

15 Mary and her husband will move <u>into</u> a new house in Jeonju.

Mary와 그녀의 남편은 전주에 있는 새 집으로 이사할 것이다.

Chapter 12 / 접속사

UNIT **47** and/but/or/so

1 I am okay and not okay.

나는 괜찮기도 하면서 그렇지 않기도 해.

2 Are these answers right or wrong?

이 답들이 맞나요 아니면 틀리나요?

3 Teacher: Your son is diligent, but not smart.

선생님: 당신의 아들은 성실하지만 똑똑하지 않아요.

4 Raymond is funny, so everybody loves him.

Raymond는 재미있다. 그래서 모두가 그를 사랑한다.

5 We can go to the beach or to the mountain. Both are fine.

우리는 해변이든, 산이든 갈 수 있어요. 둘 다 좋아요.

6 Men never remember, but women never forget.

남자들은 절대 기억하지 않지만, 여자들은 절대 잊지 않는다.

7 I like sugar in my tea, but I don't like milk in it.

내 차에 설탕을 넣는 건 좋지만, 우유를 넣는 건 싫어요.

8 A: I ran with amazing speed, but I missed the bus!

B: Sorry to hear that.

A: 나는 굉장한 속도로 뛰었지만 버스를 놓쳤어!   B: 안됐구나.

9 His secret weapon was big, so only giants could hold it.

그의 비밀무기는 커서, 오직 거인들만이 그것을 들 수 있었다.

10 God couldn't be everywhere, so he created mothers. – Jewish Proverb

신(神)은 모든 곳에 계실 수 없기에 어머니를 창조하셨다. - 유대인 속담

11 A huge smoke cloud was rising up and the students inside were screaming.

거대한 연기 구름이 치솟아 오르고 학생들은 비명을 지르고 있었다.

12 The kids painted pictures, played games, and had a water fight.

그 아이들은 그림을 그리고, 게임을 하고 물싸움을 했다.

13 He works quickly and accurately.

그는 빠르고 정확하게 일한다.

14 My job is to clean the table or wash the dishes.

내 일은 테이블을 치우거나 설거지를 하는 것이다.

15 Keith has a terrible toothache but he doesn't want to see a dentist.

Keith는 심각한 치통이 있지만, 그는 치과에 가고 싶지 않아 한다.

UNIT 48 because vs. because

1 I'm sick because of the flu.

나는 독감으로 인해 아프다.

2 We are happy because we are together.

우리는 함께 있기에 행복하다.

3 Samuel couldn't run fast because of his old age.

Samuel은 그의 많은 나이 때문에 빨리 달릴 수 없었다.

4 Cathy doesn't like dogs because she has allergies.

Cathy는 알레르기가 있어서 강아지를 싫어한다.

5 I lost the game because of the pain in my ankle.

나는 발목의 통증 때문에 경기에서 졌다.

6 They had to stop working because of the heavy storm.

심한 폭풍우 때문에 그들은 일을 멈춰야 했다.

7 Mom: Did you enjoy your trip?
Son: No, we didn't because the weather was awful.

엄마: 너는 여행을 즐겼니?
아들: 아니요, 날씨가 끔찍해서 전혀 즐겁지 않았어요.

8 The restaurant closed down because of the recession.

그 식당은 경기 불황 때문에 문을 닫았다.

9 We couldn't sleep well because of the record-breaking heat.

기록적인 열기 때문에 우리는 잠을 잘 잘 수가 없었다.

10 Nowadays, teenagers become obese because they prefer fast food.

요즘에, 십대들은 패스트푸드를 선호하기 때문에 비만이 되고 있다.

11 Mr. McCartney took lots of pictures of his wife because he loved her smile.

McCartney 씨는 자신의 부인 사진을 많이 찍었는데 그녀의 미소를 사랑했기 때문이다.

12 Because the fire was burning right in front of the door, the students were not able to escape.

불길이 문 바로 앞에서 타고 있는 중이었기 때문에, 학생들은 탈출할 수가 없었다.

13 She loves chocolate because it's sweet.

그녀는 달기 때문에 초콜릿을 좋아한다.

14 Marthe didn't invite Peter because he was rude.

Peter가 무례했기 때문에 Marthe는 그를 초대하지 않았다.

15 I can't understand Ahmed's words because of his weird accent.

나는 Ahmed의 이상한 억양 때문에 그의 말을 이해할 수 없어.

UNIT 49 before/after

1 I wash my face before I brush my teeth.

나는 이를 닦기 전에 얼굴을 씻는다.

2 Will you tell me after you finish thinking?

생각하는 거 끝나고 나서 나한테 말해줄래?

3 I'll text you after I arrive in Rio de Janeiro.

리우데자네이루에 도착한 후에 너에게 문자할게.

4 After I drank coffee, my headache stopped.

커피를 마신 후에, 내 두통이 멈췄다.

5 Before Peggy has dinner, she always feeds her dog.

Peggy는 저녁 먹기 전에, 항상 그녀의 강아지에게 먹이를 준다.

6 My dad always comes home after the sun sets.

나의 아빠는 언제나 해가 진 후에 집에 오신다.

7 After I read your e-mail, I'll write you back.

네 이메일을 읽고 나서 너에게 답장을 쓸게.

8 I'd like to stop by a restroom before we hit the road.

우리가 출발하기 전에 저는 화장실에 들렀으면 해요.

9 After you get married, reality comes before romance.

결혼한 후에는 현실이 낭만보다 우선이다.

10 You should turn the lights off before you leave the room.

너는 방을 나가기 전에 전등들을 꺼야 해.

11 People around the gym tried to remove the flammable pieces of wood before the door collapsed.

체육관 주변의 사람들은 입구가 붕괴하기 전에 불붙기 쉬운 나무 조각들을 제거하려고 애썼다.

12 A: Someone posted spam on your Facebook.

B: Really? I should delete it before anyone sees it.

A: 누군가 네 페이스북에 스팸을 올렸어.

B: 진짜? 누가 보기 전에 지워야겠다.

13 Gyuro loves to exercise hard before he has a meal.

규로는 식사하기 전에 심하게 운동을 하는 것을 좋아한다.

14 She arrived after everybody went home.

그녀는 모두가 집에 간 후에 도착했다.

15 Before you enter someone's house in Korea, you have to take off your shoes.

한국에서 누군가의 집에 들어가기 전에, 당신은 신발을 벗어야만 합니다.

UNIT **50** when

1 I will be a scientist when I grow up.

나는 자라서 과학자가 될 거야.

2 When Mia feels stressed, she eats a lot.

Mia는 스트레스를 받을 때, 많이 먹는다.

3 Police: Where were you when your neighbor screamed?

경찰: 당신의 이웃이 비명을 질렀을 때, 당신은 어디에 있었습니까?

4 When the firemen arrive, they'll save the victims.

소방관들이 도착하면, 그들은 희생자들을 구할 것이다.

5 I had many problems when I was in the sixth grade.

나는 6학년 때 문제가 많았어.

6 When I get older, I will go back to my hometown.

내가 나이가 들면, 나는 내 고향으로 돌아갈 것이다.

7 We were eating dinner when the volcano erupted.

화산이 폭발했을 때 우리는 저녁을 먹고 있었다.

8 When Karen visited her grandmother, she was playing cards.

Karen이 할머니를 방문했을 때, 그녀는 카드놀이를 하고 계셨다.

9 Don't forget to visit Santa Claus Village when you go to Finland.

핀란드에 갈 때 산타클로스 마을을 방문할 것을 잊지 마세요.

10 A: I couldn't believe my eyes when I saw snow in June.

B: It's common in Australia.

A: 6월에 눈 오는 것을 보았을 때 나는 내 눈을 믿을 수 없었어.

B: 호주에선 흔해.

11 When the fire spread faster than they could remove the wood, they couldn't help giving up hope.

그들이 나무들을 제거할 수 있는 것 보다 화재가 더 빨리 번졌을 때, 그들은 절망할 수밖에 없었다.

12 A: Alfredo speaks Chinese fluently, right?

B: Yes, his family moved to China when he was born.

A: Alfredo는 중국어를 유창하게 하더라, 맞지?

B: 응, 그가 태어났을 때, 가족이 중국으로 이사했어.

13 When Andy moved away, his friends cried a lot.

Andy가 이사 갔을 때, 그의 친구들은 많이 울었다.

14 I can't stop thinking of you when I have naengmyeon.

내가 냉면을 먹을 때 네 생각하는 것을 멈출 수가 없어.

15 When I was really lonely, you were the only person beside me.

제가 정말 외로웠을 때, 당신은 제 옆에 있었던 유일한 사람이었습니다.

Chapter 13 / 문장의 종류

UNIT **51** 비인칭 주어 it

1 Beware! It is Friday the thirteenth, today.

조심해. 오늘은 13일의 금요일이야.

2 It's already September.

벌써 9월이야.

3 When it rains, it pours.

비가 오면 폭우로 내린다.(불행은 겹쳐 온다.)

4 A: How long does it take from Boston to New York?

B: It takes about four hours by car.

A: 보스턴에서 뉴욕까지는 얼마나 걸리나요?

B: 차로 약 4시간 걸립니다.

5 A: Mom, when is Grandma's birthday?

B: Oh my gosh… It was yesterday!

A: 엄마, 할머니 생신이 언제예요?

B: 오 이런… 어제였어!

6 A: It's definitely summer.

B: Yeah, I can see some sweat on your forehead.

A: 확실히 여름이다.

B: 응, 네 이마에 땀이 보여.

7 It's pouring outside, but the parcel arrived on time.

비가 퍼붓고 있었지만 그 택배는 제 시간에 도착했다.

8 (on the phone) Are you coming home? It's getting dark outside.

(전화로) 집에 오고 있니? 밖이 어두워지는구나.

9 It was too late to call the fire department.

소방서에 전화를 걸기에는 너무 늦었다.

10 It won't be long now. We are just two kilometers from our destination.

이제 오래 걸리진 않을 거야. 우리는 목적지로부터 2km정도 남았어.

11 A: Do you have the time?
B: It's a quarter to seven.
A: 지금 몇 시인지 아세요?
B: 7시 15분 전이에요.

12 It will rain tomorrow, so I won't take my scooter to school.

내일 비가 올 것이므로, 나는 스쿠터를 타고 학교에 가지 않을 것이다.

13 A: What day is it?
B: It's already Thursday.
A: 오늘 무슨 요일이니?
B: 벌써 목요일이야.

14 It was still bright outside when I left the office.

내가 사무실을 떠났을 때는 밖은 여전히 밝았다.

15 It is 633 kilometers from Incheon to Busan by bicycle.

인천에서 부산까지 자전거로 633km이다.

UNIT **52** There is[are] ~ 구문

1 There is something to show you.
너에게 보여줄 게 있어.

2 Are you a centipede? There are so many shoes here!
너 지네니? 여기 신발 정말 많다!

3 There will be a serious meeting in the afternoon.
오후에 심각한 회의가 있을 겁니다.

4 There is nothing to be afraid of.
무서워 할 건 하나도 없다.

5 Fortunately, there is our brand new superhero, Flashman.
다행히도, 우리의 새로운 슈퍼히어로 Flashman이 있다.

6 There are three small cavities in your mouth.
당신의 입 안에 작은 충치가 세 개 있습니다.

7 There is a girl with a shining sword on the hill.
언덕 위에 빛나는 검을 가진 소녀가 있다.

8 There was a legendary evil dragon in this village.
이 마을에는 전설적인 사악한 용이 있었어.

9 There is a big car in front of our gate. It is bothersome.
우리 집 문 앞에 큰 차가 한 대 있어. 정말 성가셔.

10 Look! There are two little green men and a flying saucer there!
저기 봐! 작은 녹색 남자 두 명과 비행접시가 저기에 있어!

11 Yesterday there was the semifinal match, and there will be the final tomorrow.
어제는 준결승 경기가 있었고, 결승전은 내일 있어.

12 A: Please tell me a fairy tale.
B: Once there was a princess. One day, a prince came to her. They lived happily ever after.
A: 동화 이야기 해주세요.
B: 옛날에 어떤 공주가 있었어요. 어느 날, 왕자가 그녀를 찾아왔어요. 그들은 그 후로 영원히 행복하게 살았답니다.

13 Help! There is a snake underneath my shoe!
도와주세요! 제 신발 바로 밑에 뱀이 있어요!

14 There was a police car behind us.
우리 뒤에 경찰차가 있었어요.

15 There are potatoes, olives, and carrots on the chopping board.
도마 위에 감자, 올리브, 당근들이 있다.

UNIT **53** There is[are] not ~

1 There isn't much to say.
할 말이 별로 없다.

2 There aren't couples in the library today.
오늘 도서관에는 커플들이 없다.

3 There is no free lunch.
공짜 점심은 없다. (세상에 공짜는 없다)

4 There are not many extended families these days.
요즘 대가족은 그리 많지 않다.

5 There aren't any secrets between me and my friend.
나와 내 친구 사이에는 어떤 비밀이 없다.

6 There are not any interesting places near my house.
나의 집 근처에는 재미난 장소가 없다.

7 There aren't my favorite sneakers in the shop.
가게에 내가 가장 좋아하는 운동화가 없다.

8 There aren't many followers of my Instagram.
내 인스타그램에는 팔로워가 별로 없다.

9 There wasn't any other way to save the students in time.
학생들을 제때에 구할 다른 어떤 방법도 없었다.

10 There aren't any supporters of the new policy.
그 새로운 정책을 지지하는 사람은 없다.

11 There will not be another chance to buy this digital camera.
이 디지털카메라를 살 수 있는 또 다른 기회는 없을 겁니다.

12 My twin sister takes it all. There is nothing for me here in this world.
내 쌍둥이 여동생이 모든 걸 다 가져가요. 여기 이 세상에 나를 위한 것은 아무것도 없어요.

13 There isn't anybody in this airplane except me.
이 비행기 안에는 나를 제외하고는 아무도 없다.

14 There weren't any seats for us in the subway.
지하철에는 우리가 앉을 자리가 없었다.

15 There won't be many people on the street on New Year's Day morning.
새해 첫 날 아침에 길거리에는 많은 사람들이 있지 않을 것이다.

UNIT 54 Is[Are] there ~?

1 Is there any problem, officer?
경찰관님, 무슨 문제라도 있나요?

2 Was there life on Mars?
화성 위에 생명체가 있었나요?

3 Will there be many shooting stars tonight?
오늘 밤에 유성들이 많을까요?

4 A: How many students are there in your class?
B: There are twenty-six.
A: 너희 반에는 학생이 몇 명 있니?
B: 26명이 있어.

5 (rustle, rustle) Is there anyone up there?
(부스럭, 부스럭) 그 위에 누구 있어요?

6 A: Is there a well in your garden?
B: No, there isn't.
A: 너희 정원에 우물이 있니? B: 아니, 없어.

7 How many pages are there in this book?
이 책은 몇 페이지가 있니?

8 Is there an end to this endless homework?
이 끝없는 숙제에 끝이 있을까요?

9 Is there any room for three on October 17th?
10월 17일에 세 명을 위한 방이 있나요?

---

10 Your room is like a trash bin. Isn't there anything to throw out?
너의 방은 꼭 쓰레기통 같구나. 버릴 것 없니?

11 A: How many rooms are there in your house?
B: Hmm... There are too many to count.
A: 너희 집에 방이 몇 개니? B: 음… 너무 많아서 셀 수가 없어.

12 People suddenly shouted, "Is there some kind of magic happening? Why is the fire disappearing?"
사람들이 갑자기 소리쳤다. "무슨 마술 같은 일이 벌어지는 건가? 왜 불이 사라지고 있지?"

13 Is there anyone to chat with me?
나랑 잡담할 사람 있니?

14 A: Are there tigers in Africa?
B: No, there are no wild tigers in Africa.
A: 아프리카에 호랑이들이 있나요?
B: 아니오, 아프리카에는 야생 호랑이가 없습니다.

15 Was there an earthquake this morning? I felt the ground shaking.
아침에 지진이 있었나요? 땅이 흔들리는 것을 느꼈는데요.

UNIT 55 명령문

1 Open your mouth! Say, "Ah."
입을 벌려봐! "아" 해봐.

2 Be on time, please!
시간을 잘 지켜 주세요!

3 Shut up and take my money!
입 다물고 내 돈을 가져 가!

4 Stop being silly like a child!
애처럼 어리석게 굴지 마라!

5 Pay attention to me. I'm talking.
나에게 집중하세요. 내가 얘기하고 있잖아요.

6 A: How do I get to the post office?
B: Go straight and then turn left. You can't miss it.
A: 우체국은 어떻게 가나요?
B: 직진하고 나서 왼쪽으로 도세요. 놓치지 않을 거예요.

7 Super Star: Say Ho~ ♪, say Ho, Ho, Ho ♪ Make some noise!
슈퍼스타: "호"라고 말해요, "호, 호, 호"라고 말해요, 소리 질러!

8 A: Call him and apologize, right now.
B: I will... Dad.
A: 당장 그에게 전화해서 사과해라.
B: 그럴게요… 아빠.

9 Begin harvesting rice tomorrow morning.
내일 아침에 쌀 수확 시작해라.

10 Learn from yesterday, live for today, hope for tomorrow. – Albert Einstein
어제를 통해 배우고, 오늘을 살며, 내일을 꿈꾸어라. - 알버트 아인슈타인

11 Come on, Paul! Hit the ball out of the park! Make it a home run!
이봐, Paul! 야구장 밖으로 공을 쳐! 그것을 홈런으로 만들어!

12 "Look over there! A really fast moving superhero is removing all the wood and sucking up the oxygen to put out the fire!"
"저기 보세요! 정말 빨리 움직이는 슈퍼히어로가 불을 끄기 위해 모든 나무를 제거하며 산소를 빨아들이고 있어요!"

13 Do your best and be the best.
최선을 다하고 최고가 되어라.

14 Put yourself in my shoes.
너도 내 입장이 되어봐.

15 Be quiet. I'm studying for the first time this year.
조용히 해. 나 올해 들어서 처음으로 공부하는 중이잖아.

UNIT 56 부정 명령문

1 Don't go too far!
너무 멀리 가지 마라! (오버하지 마!)

2 Never say never.
절대라는 말은 절대 하지 마세요.

3 Do not say a word to him. He's very talkative.
그에게는 한 마디도 하지 마. 그는 매우 말이 많아.

4 Come on. Don't give me that look.
제발. 나에게 그런 표정 주지 마. (날 그렇게 쳐다보지 마.)

5 Please do not push the door. Pull it, please.
제발 문을 밀지 마세요. 당기세요, 제발요.

6 Don't judge people by their looks.
사람을 외모로 평가하지 마라.

7 *Don't Forget to Remember Me* is a song by the Bee Gees.
'날 기억할 것을 잊지 마'는 Bee Gees의 노래이다.

8 A: I guess I gotta go now.
B: Elena, don't spoil the mood! We just got here.
A: 지금 가야겠어.
B: Elena, 분위기 망치지 마! 우리 지금 막 여기에 왔잖아.

9 Please, don't leave me alone in this world.
이 세상에 나를 혼자 내버려두지 마세요.

10 "Way to go! Don't stop until the fire completely goes out!"
"잘한다! 불이 완전히 꺼질 때까지 멈추지 마라!"

11 Never give up when you have belief in your actions.
네 행동에 믿음이 있을 때에는 절대 포기하지 마라.

12 Oh, please don't get me wrong. I was just looking at the memory card.
오, 저를 오해하지 마세요. 전 그저 메모리카드를 보고 있었어요.

13 Never come in without knocking.
노크 없이 절대 들어오지 마.

14 Don't talk back to your parents! It's not right.
부모님께 말대꾸 하지 마라! 그것은 옳지 않다.

15 Don't[Never] ignore my words. It's an order.
내 말을 무시하지마라. 그건 명령이다.

UNIT 57 감탄문

1 What a surprise!
깜짝이야!

2 How nice!
정말 좋군!

3 How simple your life is!
당신의 삶은 정말 단순하군요!

4 What a foolish question he asked!
그는 정말 어리석은 질문을 물어봤구나!

5 What an amazing soccer player Messi is!
Messi는 정말 놀라운 축구선수야!

6 How beautiful the moon looks!
달이 참 아름다워 보이는구나!

7 A: What bad weather it is!
B: Yes, it's freezing outside.
A: 참 안 좋은 날씨구나!
B: 그래. 밖은 매우 추워.

8 How slowly he moves! What is he doing over there?
그는 정말 느리게 움직이는 구나! 그는 저기서 뭐하는 거니?

9 What an ordinary taste this brand has!
이 브랜드는 정말 평범한 취향을 가졌구나!

10 A: What old cars he has!
B: Collecting old cars is his hobby.
A: 그는 정말 오래된 차들을 가지고 있구나!
B: 오래된 차를 모으는 게 그의 취미야.

11 "What fast movement he has! The fire is out!"
"그는 정말 빠른 움직임을 가졌군! 불이 꺼졌어!"

12 Customer: What big pants they are!
Clerk: Yes, but they're your size, 40.
손님: 정말 큰 바지네요!
점원: 네, 그런데 이게 손님 사이즈인 40이에요.

13 How smart the dolphins are!
돌고래들은 정말 똑똑하구나!

14 What an exciting adventure it was!
정말 신나는 모험이었어!

15 I met your Japanese friends last week. What nice people they were!
나는 지난주에 너의 일본 친구들을 만났어. 그들은 정말 친절했어!

UNIT 58 청유문(Let's)

1 Let's party tonight!
오늘 밤에 파티를 엽시다!

2 Let's not get together tomorrow.
내일은 모이지 말자.

3 A: Let's be friends forever.
B: Yes, let's.
A: 영원히 친구하자.
B: 그래, 그러자.

4 A: Let's not forget his sacrifice.
B: No, let's not.
A: 그의 희생을 잊지 말자.
B: 응, 그러지 말자.

5 Rex, let's not fall in love with her. Promise?
Rex, 그녀와 사랑에 빠지지 말자. 약속하는 거지?

6 Why wait? Let's leave now!
왜 기다려? 지금 떠나자!

7 Let's not be sad. We are all fine.
슬퍼하지 말자. 우리 모두 괜찮아.

8 Let's get some fresh air. It's too stuffy in here.
바람 좀 쐬고 오자. 여기는 너무 답답해.

9 Let's have a race to the park from here.
여기에서 공원까지 달리기 시합하자.

10 It's almost lunch time. Let's not discuss this now.
거의 점심시간입니다. 지금 그것을 논의하지 맙시다.

11 "Let's celebrate his brave actions! Nobody got hurt!"
"그의 용감한 행동을 기념합시다! 아무도 다치지 않았어요!"

12 Let's not take the elevator. The stairs are right here, and we should exercise.
엘리베이터 타지 말자. 계단이 바로 여기에 있고 우리는 운동해야 해.

13 A: Let's not hurry.
B: No, let's not.
A: 서두르지 말자. B: 응, 그러지 말자.

14 Let's be honest with each other.
우리 서로에게 정직하자.

15 Amy, let's prepare dinner together. Come to the kitchen.
Amy, 같이 저녁식사 준비하자. 부엌으로 와.

UNIT 59 부가의문문

1 You aren't kidding, are you?
너 농담 아니지, 그렇지?

2 Yuki loves to listen to K-pop, doesn't she?
Yuki는 K-pop 듣기를 좋아해, 그렇지 않니?

3 Look! There is a fly in my soup, isn't there?
봐봐! 내 수프에 파리가 있어, 그렇지 않니?

4 Nick, you will help me, won't you?
Nick, 너는 나를 도와줄 거야, 그렇지 않아?

5 Maria can play the harp well, can't she?
Maria는 하프를 잘 연주할 수 있어, 그렇지 않아?

6 Hey, sweeties! Be careful, won't you?
얘들아! 조심해, 그렇게 하지 않을래?

7 Let's not call the police, shall we?
경찰을 부르지 말자.

8 Do not lean out of the window, will you?
창밖으로 기대지 마세요, 그래 줄래요?

9 Linus can't sleep without his blanket, can he?
Linus는 그의 담요가 없이는 잠을 잘 수 없어, 그렇지?

10 I should overcome this challenge, shouldn't I?
나는 이 어려움을 극복해야 해, 그렇지 않아?

11 This was a great beginning for Flashman's heroic deeds, wasn't it?
이것은 Flashman의 영웅적인 행위의 위대한 시작이었다, 그렇지 않은가?

12 Okay, students. Let's call it a day, shall we?
좋아요, 여러분. 오늘은 여기까지 하고 마치자, 알았지?

13 So please don't hate me, will you?
그러니까 제발 날 미워하지 마, 그래 줄래?

14 Let's not have *jajangmyeon* this time, shall we?
이번에는 자장면 먹지 말자, 그럴래?

15 We are hungry, aren't we? Let's have some snacks, shall we?
우린 배고파, 그렇지 않아? 간식 먹자, 그럴래?

구문 활용 독해
꼬리에 꼬리를 무는 문장 ❶ p.34

1 정답 ⑤

해석 A 너 어디가고 있어?
　　　B 나는 과학 연구를 위해 실험실에 가고 있어.

해설 과학 연구를 위해 간다고 했으므로 ⑤ 실험실(laboratory)이 적절하다.

2 정답 ④

해설 처음에는 실험실 주변의 강한 전자기장을 느끼지 못한다(At frist, Andrew doesn't feel the strong electromagnetic field around the lab.)고 했으므로 답은 ④이다.

3 정답 You are going to be a new super hero

Andrew는 슈퍼히어로이다. 그는 평범한 중학생이었다. 그는 어떤 식으로도 특별하지 않았다. 그것은 사고였을까 아니면 그의 운명이었을까?

Andrew는 과학을 매우 좋아한다. 어느 날, 그는 친구 Jake와 함께 과학 실험실로 들어갔다. 처음에 Andrew는 실험실 주변의 강한 전자기장을 느끼지 못한다. Jake는 Andrew에게 묻는다. "너도 여기서 무언가가 느껴지니?" 갑자기 Andrew는 이상한 힘에 의해 공중으로 떠 있다. 그러나 그 이상한 힘은 Jake에게 영향을 미치지 않는다. Jake가 소리쳤다. "너 날고 있는 거니?" 어떤 신비로운 목소리가 갑자기 말했다. "Andrew, 너는 새로운 슈퍼히어로가 될 것이다! 하지만 나는 네가 좋은 영웅이 될지 나쁜 영웅이 될지 결정하지는 않을 것이다." 그 목소리가 계속되었다.

구문 활용 독해
꼬리에 꼬리를 무는 문장 ❷ p.66

1 정답 ②

해석 · 잘했어! · 나는 노래를 잘한다.

해설 Good job!은 '잘했어'라는 뜻이고 be good at 은 '~에 능숙하다'라는 뜻으로 공통으로 적절한 것은 ② good(좋은)이다.

2 정답 ③

해설 그의 새로운 힘에 대해 엄마를 포함한 모두에게 비밀로 해야 한다(You have to keep this secret, even to your mom.)고 했으므로 답은 ③이다.

3 정답 Why did the villain have to destroy the planet?

Andrew가 물었다. "당신은 누구입니까? 나에게 무엇을 원합니까? 제가 어느 것이 되기를 원하나요? 선한 영웅, 아니면 악한 영웅?"

Jake가 물었다. "이건 누구의 목소리인가요? 어디에 있나요?" 그 목소리는 답했다. "내가 누구냐고? 나의 은하계에서는, 사람들이 나를 내공의 신이라고 부른다. 내가 어디에 있냐고? 나는 어디에나 있단다. 나의 행성은 비극적인 사고로 폭발했다. 아, 언제 그 사람들을 다시 볼 수 있을지? 왜 그 악당은 그 행성을 파괴시켜야만 했을까? 나는 아직도 이해하지 못하겠다. Andrew, 너의 새로운 힘을 어떻게 사용할 거니? 너의 결정이 지구의 미래를 바꿀 것이다. 너의 힘을 다른 사람들을 위해 사용해라. 그러면 너는 선한 영웅이 될 것이다. 너는 새로운 능력으로 번개만큼이나 빨리 달릴 수 있다. 네가 빨리 달릴 때 사람들은 네가 그들을 지나가는 것을 보지 못할 것이다. 너는 이것을 모두에게 비밀로 해야 한다. 심지어 너의 엄마에게도. 너는 정말로 필요할 때에만 너의 힘을 써야 한다. 그리고 Jake, 너도 이 일에 대해 어떠한 것도 말해서는 안 된다. 우리는 다른 누구라도 이 일에 대해 알도록 할 필요는 없어, 알겠지?"

구문 활용 독해
꼬리에 꼬리를 무는 문장 ❸ p.98

1 정답 ⓔ

해설 watch over는 '돌보다'의 의미로 바르게 연결되어 있지 않다.

2 정답 ⑤

해설 평범한 학생이 한번에 10분 이상 번개만큼 빨리 달리는 것은 불가능(impossible)하므로 정답은 ⑤이다.

3 정답 I will tell you something important to remember.

Andrew와 Jake는 이 비밀을 지키기로 결심했고 "예!"라고 답했다. Andrew는 말했다. "제 힘을 어떻게 사용할지 주의하겠어요."

내공의 신이 말했다. "Andrew, 기억해야 할 중요한 것을 말해주마. 10분을 달린 후에, 심장마비를 예방하기 위해서 너는 1분 동안 멈춰야 한다." "걱정 마세요. 한번에 10분 이상 달리는 것은 저는 불가능해요."라고 Andrew가 답했다.

그 신은 "그 점을 너의 제1규칙으로 만들고, 항상 그 규칙을 지켜라!"고 강조했다. "이 규칙은 숨쉬기를 까먹지 않는 것만큼이나 중요하단다. 다른 모든 것들은 이 규칙만큼 중요하지 않단다."

Jake가 말했다. "너가 슈퍼히어로라면 Andrew보다 더 흥미로운 이름을 골라야 해. 만약 네가 새로운 이름과 새로운 코스튬이 있으면 너의 비밀을 노출시킬 위험이 더 적을 거야. 어느 것이 더 좋을까? Lightningman 아 니면 Flashman?"

Andrew가 답했다 "Flashman이 기억하기 쉽다!" 그 신이 말했다. "너에게 Flashman이라는 이름을 주겠노 라. 그리고 너에게 이 강력한 Flashman 옷을 가져왔다. 이제 나는 나 자신을 눈에 보이지 않게 만들고 너희들을 돌봐주겠다."

구문 활용 독해
꼬리에 꼬리를 무는 문장 ④
p.134

1 정답 ⑤

　　해설 '특이하거나 흥미로운 경험'을 의미하므로 ⑤ 모험 (adventure)가 적절하다.

2 정답 ④

　　해설 순식간의 학교 화재진압은 Flashman의 첫 번째 위대한 영웅 행위였으므로 답은 ④이다.

3 정답 This was a great beginning for Flashman's heroic deeds, wasn't it?

바로 그 순간, 내공의 신이 사라졌다! 하늘로부터 목소리가 들렸다 "걱정마라, 나는 여전히 너희들과 함께 있다. 너희들 앞에 있는 모험들을 계속 하려무나."

그때, 갑자기 화재경보가 체육관으로부터 울렸다. 거대한 연기 구름이 치솟아 오르고 학생들은 비명을 지르고 있었다. 불길이 문 바로 앞에서 타고 있는 중이었기 때문에, 학생들은 탈출할 수가 없었다. 체육관 주변의 사람들은 입구가 붕괴하기 전에 불붙기 쉬운 나무 조각들을 제거하려고 애썼다. 그들이 나무들을 제거할 수 있는 것 보다 불이 더 빨리 번졌을 때, 그들은 절망할 수밖에 없었다. 소방서에 전화를 걸기에는 너무 늦었다. 다행히도 우리의 새로운 슈퍼히어로 Flashman이 있다. 학생들을 제때에 구할 다른 어떤 방법도 없었다.

사람들이 갑자기 소리쳤다. "무슨 마술 같은 일이 벌어지는 건가? 왜 불이 사라지고 있지?"

"저기 보세요! 정말 빨리 움직이는 슈퍼히어로가 불을 끄기 위해 모든 나무를 제거하며 산소를 빨아들이고 있어요!" "잘한다! 불이 완전히 꺼질 때까지 멈추지 마라!" "그는 정말 빠른 움직임을 가졌군! 불이 꺼졌어!" "그의 용감한 행동을 축하합시다! 아무도 다치지 않았어요!"

이것은 Flashman의 영웅적인 행위의 위대한 시작이었다, 그렇지 않은가?